Las bambulísticas historias de

Bambulo

primeros pasos

Colección 1 *Bambulo*

Aguilar, Altea, Taurus, Alfaguara, S. A. de Ediciones
Beazley, 3860. 1437 Buenos Aires

Aguilar, Altea, Taurus, Alfaguara, S. A. de C. V.
Av. Universidad, 767. Col. del Valle. México, D. F. C. P. 03100

Distribuidora y Editora Aguilar, Altea, Taurus, Alfaguara, S. A.
Calle 80, nº 10-23. Santafé de Bogotá-Colombia

Edición: Elena Fernández-Arias Almagro
Diseño de cubierta: Pep Carrió y Sonia Sánchez
Maquetación: Victoria Reyes
Coordinador de realización: Víctor Benayas

ISBN: 84-204-5783-3
DL: M-29.863-1998
Printed in Spain - Impreso en España por
Palgraphic, S. A. Humanes (Madrid)

Las bambulísticas historias de

Bambulo

primeros pasos

Bernardo Atxaga

Ilustraciones de Mikel Valverde

Prólogo sobre Bambulo escrito por su secretario

Querido lector: el recorrido vital de nuestro perro Bambulo ha sido completamente redondo. No quiero decir con ello, de ningún modo, que no haya tenido defectos o no haya dejado lugar a alguna que otra duda, sino que, simplemente, comenzó en un punto, dio una gran vuelta y regresó. Él mismo lo declaró en una entrevista: «He andado de ciudad en ciudad y de biblioteca en biblioteca, he caminado por medio mundo, y al final, ¿con qué me encuentro? Pues, con el mismo hueso que enterré en mi juventud». Una verdad como un templo.

En su juventud, cuando aún vivía en Bilbao, Bambulo era una individualidad desconocida, desconocidísima, y la gente que se lo cruzaba por la calle pensaba «qué buen perro parece» o «qué inteligente y valiente debe de ser», pero no llegaba a oler la verdadera realidad, la verdad de las verdades: que se trataba de una individualidad importante, importantísima, y que pertenecía a una familia extraordinaria, presente en casi todos los acontecimientos de la historia.

Más tarde, después de que empezara a viajar y a publicar sus libros, Bambulo salió de aquella primera y anodina existencia como un rayo de entre las nubes, logrando un tremendo éxito y volviéndose extremadamente popular. En esta época de su vida, todos reconocían a Bambulo, todos le saludaban, todos le felicitaban. «Felicidades, Bambulo», le decía uno, «la actitud que tu antepasado Bambulias mostró ante el rey Salomón fue admirable». «Felicidades, Bambulo», le decía otro, «muy buena la idea que tu antepasado Bambulides tuvo en la guerra de Troya». «Felicidades, Bambulo», le decía un tercero, «nos han dicho que también Bambi es de tu familia».

Pero, después de un tiempo, Bambulo se sintió cansado. La fama, aquella fama que él había ganado con sus viajes y sus libros, le empezó a pesar como un ancla; como un ancla que alguien hubiera aplastado contra su espalda, para ser más precisos. No, no quería ser tan famoso. No quería que la gente le parara por la calle para felicitarle. No quería que la gente le hablara tanto de Bambi. Al contrario: lo detestaba. Al fin y al cabo, ¿qué tenía que ver él con Bambi? Nada, no tenía que ver nada. Aquella individualidad, con sus bosques y sus saltitos, no era de su familia.

Llegó un momento en que su situación no parecía tener remedio. El ancla se volvía cada vez más pesada, y sus aristas, cada vez más cortantes. Así las cosas, Bambulo se levantó una mañana con la sensación de tener la espalda dolorida. «Este es el final», pensó. «Se acabaron los viajes, las investigaciones y los libros. Ya no hurgaré más en las historias de Bambulio, Bambulus, Bambulko, Bambulias, Bambulides y demás antepasados». En una palabra, Bambulo decidió retirarse, cambiar de vida, renunciar a la fama.

Hoy en día –recuérdese lo que he afirmado al principio, que su vida ha sido redonda–, Bambulo se encuentra en el punto de partida, Bilbao, y le ocurre lo que en sus primeros tiempos, que nadie le reconoce, que todos han olvidado quién es él; quién es, qué es y cuánto es. Cuando le ven por la calle, la gente piensa «qué buen perro parece», o «qué inteligente y valiente debe de ser», pero sin sospechar la verdad, que se trata de una individualidad importante, importantísima, y que pertenece a una familia antigua, antiquísima.

No hace mucho tiempo, me puse a pensar y me dije: «Tanta redondez, ¿no es excesiva? ¿Es justo lo que le ocurre a nuestro perro?». Yo mismo me di la respuesta: «No, no es justo. Bambulo se merece otra cosa». De ahí mi decisión de publicar este libro y todos los que vengan. ¿Cómo dejar a Bambulo en la sima del olvido? ¿Cómo dejar a Bambulio, Bambulus, Bambulko, Bambulias, Bambulides y demás antepasados en la oscuridad de la historia? No, de ninguna manera. Claro que no. No y no. En absoluto. La gente debe saber. Al fin y al cabo, para eso está la gente, para aprender lo que no sabe y para recordar lo que ha olvidado.

Lee, pues, lector, las diversas historias que este Secretario ha ordenado, copiado, analizado, corregido y organizado para su mejor y más conveniente publicación. No creo que te arrepientas. Y si te arrepientes, si las historias de Bambulo y de sus antepasados te resultan aburridas, piensa que la culpa habrá sido mía, y no de nuestro bambuloso o bambulístico perro.

EL SECRETARIO DE BAMBULO

Segundo Prólogo.
Cómo conseguí los papeles y documentos de Bambulo

Como se sabe, Bambulo vive ahora en su ciudad natal, Bilbao, y allí fue donde le visité.

–¿Qué tal se siente, Bambulo? –le pregunté después de que me hiciera pasar a la sala de su casa.

–Pues me siento muy ligero, señor secretario. Muy ligero –me respondió él mostrándome la espalda. Y, efectivamente, allí no había ancla alguna. Las heridas y magulladuras de la fama habían desaparecido por completo.

–O sea, que es usted feliz –observé.

–Completamente feliz, señor secretario. Como dijo Horacio, el gran poeta latino, *beatus ille qui procul negotiis*, «feliz aquel que vive lejos de los asuntos de este mundo». Esa es mi situación, señor secretario. Si de aquí en adelante quiere llamarme Beatus Bambulo, por mí de acuerdo.

Negué con la cabeza.

–De ninguna manera. No quiero –respondí–. Ya tuve bastante con su anterior cambio de nombre.

Me miró sorprendido.

–¿Qué quiere decir, señor secretario? –me dijo a continuación.

–Pues que hubo una época en que su nombre era Markoni, no Bambulo, y que luego vino lo del cambio. Un cambio tremendo que desencadenó muchos otros y me obligó a revisar, repasar, reparar, examinar y actualizar todos los documentos. Hubo momentos en esa época en que me arrepentí de ser su secretario.

–Es cierto, es cierto –suspiró nuestro perro–. En una primera época de mi vida, creí que mi nombre era Markoni, y como tal firmé mis primeros papeles y documentos. Pero un cierto día supe que Markoni no era sino mi segundo nombre, y que el primero era Bambulo. Pero, ¡lo que es ser feliz! ¡Se pierde memoria a una velocidad impresionante! No me acordaba de nada.

Me levanté del asiento donde estaba y le miré con firmeza. Era el momento de explicarle el verdadero motivo de mi visita.

–Mire, Bambulo... –dije.

–Llámeme Beatus Bambulo Markoni –me interrumpió él–. La verdad es que este nombre me gusta.

Yo no estaba dispuesto a ceder.

–Lo siento, pero le seguiré llamando Bambulo.

–Pues a mí Beatus Bambulo Markoni me gusta muchísimo. No le miento. Al contrario, le cuento la verdad –insistió él. A veces es muy caprichoso.

–Mire, Bambulo... –comencé de nuevo, hablando con seriedad–. Déjese ahora de nombres. En calidad de secretario suyo, debo informarle de una situación bastante grave.

–¿De qué se trata? Dígamelo. Dígaselo a Beatus Bambulo Markoni –me animó.

–Hoy en día es usted un completo desconocido, Bambulo. Nadie se acuerda de usted. Da igual que se pregunte por sus viajes, sus investigaciones o sus libros. La respuesta es siempre la misma. Nadie sabe nada. Y, en mi opinión, esto se pasa de la raya, es excesivo. Una cosa es vivir apartado del mundo, y otra muy distinta que el trabajo de toda una vida se vaya por la borda. Insisto, me parece excesivo.

–Dígame, señor secretario. ¿Cuánto tiempo lleva sin cobrar su sueldo? Dígamelo, por favor, dígaselo a Beatus Bambulo Markoni.

Nuestro perro será caprichoso, pero de tonto no tiene un pelo.

–Mucho tiempo –le respondí–. Tengo más dificultades económicas de las que desearía tener.

–Pero, ¡cómo es posible! ¡Si es usted uno de los mejores secretarios del continente! –exclamó Bambulo.

–Pues así están las cosas. Y por eso he pensado lo que he pensado. Y no creo que esté mal pensado –dije.

–Hable más claro. No sea tímido –dijo él.

–He decidido contar la historia de su vida, publicar su biografía en una serie de libros. Pero, claro, yo sólo soy un secretario, quizás uno de los mejores, como usted dice, pero al fin y al cabo un simple secretario, y me resulta imposible ponerme a escribir así por las buenas. Para escribir, necesito documentos. Sin documentos yo no soy nada. Por eso he venido a visitarle, Bambulo, porque necesito sus documentos. Todos los que tenga: desde postales y cartas hasta los cuadernos o los libros que publicó en su día...

–Pero, ¡eso es imposible, señor secretario! –exclamó Bambulo poniendo las orejas tiesas.

–¿Por qué es imposible, Beatus Bambulo Markoni? –dije con una voz suave y enternecedora.

–Si la gente se entera de quién soy y de los antepasados que tengo, volveré a hacerme famoso, y la fama volverá a mi espalda en forma de ancla. Y el ancla me hará daño, me magullará, me robará la felicidad, y ya no seré Beatus sino...

–Tranquilícese, Beatus Bambulo Markoni. Tranquilícese –dije al tiempo que le acariciaba la espalda.

–No hace falta que me tranquilice. Estoy muy tranquilo. En realidad, soy uno de los perros más tranquilos del continente –dijo él huyendo de mis caricias.

–Entonces, ¿qué me dice? ¿Cuándo me dará sus documentos? –insistí.

Bambulo adoptó una actitud seria. Se puso pensativo, reflexivo, dubitativo. Más que Bambulo, parecía Beatus Bambulo Markoni *Kalkulator*.

–Mire, señor secretario. Comprendo que usted quiera ganar algún dinero. Quiere ese dinero porque lo necesita. Si no lo necesitara, no lo querría.

–Completamente de acuerdo, Beatus Bambulo Markoni.

–Así las cosas, es fundamental que encontremos la manera de que pueda tener ese dinero. Completamente y totalmente fundamental.

–Completamente y totalmente de acuerdo, Beatus Bambulo Markoni.

–Pues yo creo que conozco esa manera, señor secretario. Venga conmigo.

Bambulo me llevó a una de las habitaciones de su casa. Había allí una vitrina llena de curiosidades y *souve-*

nirs. Vi una reproducción dorada de la torre inclinada de Pisa, y la copia de un dibujo azteca con una etiqueta que decía: «Recuerdo de México».

–He aquí mi tesoro. Es uno de los mejores tesoros del continente –dijo nuestro perro. A veces no es caprichoso ni inteligente. A veces es mentiroso, pura y simplemente.

Esta vez fui yo el encargado de adoptar una actitud seria. Me puse pensativo, reflexivo, dubitativo. Me puse altivo, incluso. Adivinaba las intenciones de Bambulo. Quería regalarme sus curiosidades y *souvenirs*, y dejar que me las arreglara con aquello. En vez de documentos, cosillas compradas en sus paseos y visitas turísticas, quincalla. Y no, eso no podía aceptarlo. De ninguna manera. No y no. En absoluto. Aquel trato no me convenía.

–Yo no necesito el pez. Necesito la caña –dije de pronto.

–No le entiendo muy bien, querido secretario –dijo Bambulo sacando una pirámide egipcia de la vitrina y limpiándole el polvo.

–Si usted me entrega este tesoro, quizás consiga venderlo y obtener algún dinero. Quizás sí y quizás no. Pero, ¿qué adelanto con ello? Antes o después, el dinero del tesoro se terminará...

–Quizás sí y quizás no –me interrumpió Bambulo.

–Quizás sí y quizás sí –insistí–. Y una vez terminado el dinero del tesoro, me veré como ahora, pobre como una rata. Por eso digo que no necesito un pez que se come y ya está, sino una caña. De esa manera, tendré todos los días un pececillo. Es decir, un sueldo.

Bambulo movió la cabeza y agitó las orejas.

–Me cuesta entender lo que trata de decirme, señor secretario –me dijo. Tenía en la mano un medallón con la figura de un niño sonrosado y mofletudo, obra del pintor Murillo. «Recuerdo del Museo del Prado», decía su etiqueta.

–Pues me resulta muy raro. Usted es un perro inteligente –dije.

–Ya lo creo. De hecho, soy uno de los perros más inteligentes del continente –dijo él–. Pero, de todas maneras, no le entiendo muy bien. Creo que tiene un día confuso, señor secretario.

Bambulo se mostraba firme. No quería ceder, no quería que su biografía y la de sus antepasados saliera a la luz. No, no deseaba aquello. De ninguna manera. No y no. En absoluto. No estaba dispuesto a prestarme sus documentos. De ninguna manera. No, en absoluto. Y, claro,

en cierto modo aquella actitud suya era comprensible, ya que la publicación de su redonda trayectoria vital, de sus bambulosas o bambulísticas historias, le podía acarrear, una vez más, la fama; una fama que acabaría convirtiéndose en una especie de ancla aplastada contra su espalda, en algo hiriente y magullador. Pero, por otra parte, yo era su secretario, y tenía mis propias ideas, mis propias necesidades, y pensaba lo contario, que los libros de Bambulo debían ser publicados y salir a la calle. Y, claro, para ello necesitaba sus documentos. Sin documentos no podía ponerme a trabajar, porque, ya lo he comentado antes, los secretarios somos así, sin documentos no somos nada.

Seguía pensativo, reflexivo, dubitativo, altivo. En aquel momento, parecía un serio secretario ario.

–Escúcheme bien, Bambilo. Debo corregir algo que le he contado al comienzo de mi visita. Le he dicho que usted es ahora un perfecto desconocido, que nadie se acuerda de usted o de sus antepasados. Pero la situación es bastante peor, Bambilo. No pensaba decírselo, pero su testarudez me obliga a ello.

–¿Qué quiere decir, señor secretario? –dijo él moviendo su nariz o, mejor dicho, naricilla. Sospechaba la verdad. Sus ojos estaban llenos de miedo, y le temblaban.

–¿De verdad quiere saberlo, Bambilo? –dije con una sonrisa o sonrisilla.

–¡Sí! –chillo él.

–De acuerdo. Se lo contaré, Bambilo. No es cierto que usted sea un completo desconocido. La gente le conoce, o cree conocerle. Todos piensan que pertenece a la familia de Bambi.

–¡Todavía siguen con esa manía! –volvió a chillar él. Aquello le dolía mucho, muchísimo, porque, claro, no tenía ninguna relación con Bambi, un personaje de Walt Disney famoso únicamente por sus saltos o saltitos. No, no le gustaba esa clase de confusiones. No y no. En absoluto.

A pesar de lo dolido que le veía, insistí en darle detalles. Le expliqué que había hecho una encuesta, y que cada vez que preguntaba «¿sabe usted quién era Bambulo?», todos me corregían afirmando que «no es Bambulo, sino Bambilo. Bambilo de Bambi». Que aquella era la verdad y prácticamente toda la verdad. Una verdad redonda, tan redonda como su propia vida.

–Si le hubieran olvidado del todo la cosa no sería tan grave –concluí–. Pero, ya le digo, Beatus Bambulo Markoni. No hay tal olvido.

Nuestro perro se puso pensativo, reflexivo, dubitativo. Más que Beatus Bambulo Markoni *Kalkulator* parecía Beatus Bambulo Markoni *Preocupator.* Después de un rato, devolvió el medallón con la pintura de Murillo a la vitrina y me indicó que le siguiera al desván de la casa.

Había ganado la partida. Bambulo iba a cederme los documentos que yo necesitaba.

El desván estaba lleno de cajas. Había por lo menos cien, todas con su correspondiente etiqueta: «Cartas y postales», anunciaba una de ellas. «Papeles de los archivos», «Documentos sobre la Antigüedad», «Libros Berroeta, Buruaga y Paradox», «Documentos Chipanqui»... pero no, no podía leer todas las etiquetas. Estaba tan emocionado que me costaba concentrarme en los detalles. No cabía duda, aquellos eran los documentos que yo necesitaba.

–Ya verá lo bien que van a quedar sus historias, Bambulo. Le pondré muy por encima de personajes como Bambi –prometí.

–Ojalá sea así, Beatus Secretarius –suspiró él.

Tenía razón al llamarme de aquella manera. Me sentía completamente *beatus*, feliz, feliz y pico. Estaba en condiciones de ganar honradamente un sueldo y devolver a Bambulo la fama que nunca debió haber perdido. Sí, los libros ya venían de camino. Estaba dispuesto a ordenar, copiar, analizar, corregir y organizar sus papeles para su mejor y más conveniente publicación.

–Señor secretario –me dijo Bambulo al salir del desván–. Le presto mis documentos, pero a cambio me tiene que prometer una cosa.

–Dígame, Beatus Bambulo Markoni. No deje para mañana lo que pueda hacer hoy.

–Pues, quisiera que el ancla la lleváramos entre los dos. Si la publicación de mis historias y las de mis antepasados vuelve a traerme la fama, que el peso de esa fama, es decir, el ancla, recaiga sobre las espaldas de ambos.

–Se lo prometo, Beatus Bambulo Markoni –afirmé llevándome la mano al pecho y con expresión solemne o solemne y pico.

–Está bien. Pero no vuelva a llamarme Beatus Bambulo Markoni. No sea tan pelotillero. Basta con que me llame Bambulo.

–Como usted quiera, Bambulo.

Ya lo he indicado antes. Bambulo es caprichoso. Pero, claro, también es inteligente y honrado. En vez de olvidarse de su promesa, se apresuró a cumplirla. En un par de días, todas las cajas de su desván estaban en mi oficina.

Así fue como comenzó todo. Así fue posible la publicación de estas bambulosas o bambulísticas historias.

PRIMERA DEDICATORIA
EL SECRETARIO QUE TAN DURAMENTE HA TRABAJADO EN ESTE LIBRO DEDICA SU ESFUERZO A BAMBULO

Apreciada individualidad, queridísimo perro,
admirado Bambulo de mi corazón, este libro
es vuestro de cabo a rabo; mas no únicamente
por tenerle como tema y contar su historia
y la de su familia, sino también por ser suyo
lo poco, o lo poco y pico, que yo he puesto en él.

SEGUNDA DEDICATORIA, DICTADA POR EL PROPIO BAMBULO

A todos los que llevan un ancla sobre su espalda.

Primer Libro

Los primeros pasos. Bambulo visita la biblioteca de su ciudad natal y aprende algo que no sabía (algo bastante importante, por cierto)

Cuando todavía era muy joven, Bambulo vivía en una casa de la ciudad de Bilbao junto con otras diversas individualidades, una de las cuales, de nombre María, trabajaba como encargada de la limpieza en una gran biblioteca. Algunas veces, María recogía sus trastos y sus líquidos biodegradables y se iba a trabajar sola; otras, en cambio, sobre todo los días en que no había escuela, se dejaba acompañar por sus hijos, las individualidades Ariadna, Jon y Ainhoa.

–Mamulo, ¿no vas a venir con nosotros? –le preguntaba Ainhoa cuando se trataba de ir en grupo. Ella era la pequeña de la familia, y quería mucho, muchísimo, a Bambulo. Necesitaba estar con él todo el tiempo posible, noche y día, mañana y tarde, en casa y fuera de casa.

–Ainhoa, ¿cuándo vas a aprender a hablar? Yo no me llamo Mamulo. Me llamo Bambulo –le respondía nuestro

perro sin hacer ademán de moverse. En aquella primera época, el olor de las bibliotecas no le atraía; prefería estar tumbado en el sofá o mirando por la ventana.

De vez en cuando, las respuestas que él daba a la pequeña Ainhoa irritaban a la hija mayor, Ariadna.

–Bambulo, tú eres tonto, ¿verdad? –le gritaba a nuestro perro–. ¿Cómo quieres que la pequeña Ainhoa pronuncie bien tu nombre? ¿Acaso no sabes que nuestra inteligencia y demás capacidades progresan lentamente? Los niños no nacen sabiéndolo todo, Bambulo. Necesitan tiempo para aprender. Y Ainhoa está en ese caso. Así es que ya lo sabes para otra vez. Si te llama Mamulo en lugar de Bambulo, te aguantas.

Ariadna tenía una gran tendencia a extenderse en sus explicaciones. Consciente de ello, Bambulo procuraba no llevarle nunca la contraria. Tuviera razón Ariadna o no la tuviera.

–Naturalmente, cómo no –solía responderle Bambulo escondiéndose detrás del sofá o desapareciendo de la habitación. Pero no siempre lo lograba. Había veces en que al ataque de Ariadna le seguía el de Jon, la otra individualidad de la familia.

–Ya era hora de que Bambulo admitiera que es tonto. Me alegro por ello. De aquí en adelante le llamaremos

Bambulo Tontolo –decía Jon. Era un poco burloso en su forma de ser. Un poco y pico.

–¡No es Mamulo Totolo. Es Mamulo! –se enfadaba Ainhoa frunciendo el ceño y alargando los labios. No le gustaba que se metieran con Bambulo. Ya he dicho que le quería mucho, muchísimo.

–¡Os vais a callar de una vez! –ordenaba María, harta de las discusiones de sus hijos–. Ya me canso bastante con la limpieza para tenerme que cansar aún más con vosotros. ¡Me gustaría tener un poco de silencio en casa!

Aquella mujer tenía razón. A las individualidades que se pasan la vida trabajando les gusta llegar a casa y descansar. Eso es algo que, al igual que los trabajadores de la limpieza o los transportistas, todos los secretarios sabemos muy bien.

Sin embargo, a pesar de su necesidad de paz, había veces en que la misma María tomaba parte en las discusiones de su casa. Así ocurrió –lo sé positivamente, gracias a mis documentos– la tarde del día que, al fin y a la postre, iba a resultar decisiva en la vida de Bambulo. Era sábado, y todas las individualidades jóvenes de la casa habían decidido acompañar a María a su trabajo en la biblioteca. Iban a salir de casa cuando Ainhoa se colgó del cuello de Bambulo.

–Mamulo, quiero andar a caballo –le dijo a nuestro perro montándose sobre él.

–Lo siento, Ainhoa, pero las rodillas se me doblan –le respondió Bambulo poniéndose de rodillas y haciendo que Ainhoa se cayera sobre la alfombra del recibidor.

Viendo aquello, María se puso furiosa.

–¡Bambulo! ¿Tú no poder ser bueno? ¿Tú no poder aguantar más? ¡Tú ser egoísta, y Ainhoa hacerse daño!

María le hablaba a Bambulo como si a éste le costara entender las cosas. Como si fuera extranjero, o algo así. Y, claro, Bambulo le respondía de la misma forma. Ya hemos dicho antes que, al menos en esa época, no le gustaba discutir. Ni con Ariadna, ni con María, ni con nadie.

–Yo ser bueno, pero no ser caballo. Además, Ainhoa caer sobre alfombra, no sobre fría y dura tierra. No hacerse daño.

–¡Sí hacerse!

–No hacerme, mamá. Mamulo ser muy bueno –intervino Ainhoa levantándose de la alfombra. Para ella, lo primero era defender a su perro. Siempre.

–No soy tan bueno, Ainhoa. A veces soy malo. Pero que muy malo –le dijo Bambulo. Le tenía mucho miedo a Ainhoa, o mejor dicho, al amor que la pequeña individualidad sentía hacia él. ¿Una actitud sorprendente? No tanto. El mismo Bambulo lo explicaba así en un documento que figuraba en su diario íntimo. Lo transcribo a continuación.

Lo que escribió Bambulo en su diario íntimo
Documento B/D/17

Hay individualidades que se asombran de que evite encontrarme con Ainhoa. Me dicen que me aprecia mucho y quiere ser mi amiga, y que ceda. Pero, ¿qué hacen las pequeñas individualidades como Ainhoa cuando se acercan a un perro como yo? Pues una de estas cinco cosas:

–Tirarle del rabo con una fuerza tal que todas las individualidades que están cerca exclaman asombradas: «¡Vaya! ¡Quién lo hubiera dicho! ¡Unos bracitos tan delgados y lleva el perro a rastras!».

–Tirarle del pelo si tiene pelo, y si no tiene, también. Las individualidades como Ainhoa siempre encuentran un pelo del que tirar, aunque sea en el bigote.

–Darle en todo el morro con algo. Sin mala intención, pero en general con algo duro.

–Meterle en la boca algo desagradable. Un trozo de cebolla, por ejemplo.

–Morderle con esos dientes que se llaman de leche, pero que deberían llamarse de mala leche, por lo afilados que son y el daño que hacen.

Esta es la realidad, y ante ella no me queda otra salida que la huida. Ninguna otra solución me está permitida. Quiero decir que yo soy muy bueno defendiéndome, pero que si lo hago, ladrando y demás, su madre María me deja sin comer. ¡Sin comer! ¡Sin galletas! ¡Sin vitaminas! ¡Es terrible! ¿Quién se atrevería a enfrentarse a algo así? Nadie, en mi opinión.

Con todo, las discusiones entre Bambulo y las demás individualidades de la casa no solían durar mucho, y pasaban como pasan las tormentas de verano, con voces, gritos y demás aparato pero sin mayores consecuencias. Así ocurrió aquel sábado. Bastaron unos minutos para que el incidente del lanzamiento de Ainhoa a la alfombra quedara olvidado.

–Hasta luego, amigos. Que limpiéis bien la biblioteca –se despidió Bambulo cuando María y el resto de las demás individualidades salieron a la escalera.

–Por favor, Mamulo, ven con nosotros –insistió la pequeña Ainhoa.

–Me gustaría mucho acompañaros, pero... –se esforzó Bambulo.

–La niña te lo ha pedido por favor. Espero que no le hagas un feo, Bambulo –dijo María poniéndose muy seria.

Nuestro perro se olió una nueva tormenta. Sí, se veía bastante claro, su cena de aquel día volvía a estar en peligro. Recordó entonces algo que había escuchado en la radio: que ante las tormentas había que comportarse como la caña o el bambú, inclinándose, cediendo, dejándose llevar. Que nada era peor que permanecer orgullosamente erguido, pues esa actitud acababa siempre en rotura, rompimiento, destrucción, en un «adiós caña, adiós bambú».

No, él no quería que la tormenta le afectara, no quería perder lo que era suyo, «adiós cena, adiós bambú». Decidió aceptar. Por una vez, iría con ellos.

Al llegar a la biblioteca, María empezó con sus labores de limpieza y Ariadna a leer un libro. En cuanto a Jon y Ainhoa, enseguida mostraron sus ganas de jugar. Cada uno a su manera, claro.

–Bambulo, ¿quieres ponerte de portero? –le preguntó Jon. Estaba en la sala de lectura de la biblioteca, pero él imaginaba que se trataba de un campo de fútbol y que el espacio entre dos mesas era la portería del equipo contrario.

–Me pondría con mucho gusto, porque soy bastante bueno en eso de parar balones, pero tengo un problema –le respondió nuestro perro.

–¿Qué problema?

–El problema se llama Ainhoa.

–¿Qué ocurre? ¿Se empeña en perseguirte?

–Pues sí –le respondió Bambulo saliendo del rincón donde había estado escondido y marchándose corriendo por un pasillo.

–¡Mamulo! ¡Por favor! ¡Deja que te pille! –gritaba Ainhoa pisándole los talones.

–Me gustaría hacerte ese favor, pero ahora me resulta imposible. Tengo mucha prisa –se excusó Bambulo cambiando de dirección y adentrándose en un nuevo pasillo. Corría por allí cuando, de pronto, la cosa ocurrió. Sus pies cedieron y se fueron para abajo, y lo mismo hizo el resto de su cuerpo. En una palabra: Bambulo se metió en un agujero y se hundió.

Pero, para relatar lo ocurrido, mejor que conozcamos la versión del propio Bambulo. Veamos para ello uno de los documentos que yo he ordenado, copiado, analizado, corregido y organizado para su mejor y más conveniente publicación: el correspondiente a las páginas 23, 24, 25 y 26 de su diario íntimo.

Lo que escribió Bambulo sobre su caída en la biblioteca
Documento B/D/23-24-25-26

–Ahora no puedo, Ainhoa. Tengo mucha prisa –le dije a la pequeña individualidad echando a correr, y de allí a unos pocos segundos tuve la sensación de que el suelo se abría bajo mis pies y yo caía en un precipicio. Afortunadamente, el precipicio sólo tenía tres o cuatro metros de altura, y no me hice daño.

El lugar estaba muy oscuro, como una cueva.

–¡Ayuda! –grité. No tenía miedo, pero me sentía incómodo.

Agucé el oído, pero no oí nada.

–¡Ayuda! –insistí. Realmente, aquel precipicio o cueva o lo que fuese no me gustaba nada. Me sentía cada vez más incómodo.

–¡Mamulo! ¿Dónde estás? –oí de pronto.

–¡Aquí, en el precipicio! –grité. Encontrarme con ella era mejor que seguir donde estaba.

Volvió a hacerse el silencio. Nada. En la biblioteca no se oía nada. Y debajo de la biblioteca, menos.

–¡Ayuuuda! –volví a gritar. No podía entender lo que sucedía. ¿Por qué no me respondía Ariadna? ¿Por qué no lo hacía Jon?–. No desistas, Bambulo. Un perro de Bilbao nunca se da por vencido –me dije. Necesitaba animarme.

Algo tenía que hacer, y decidí explorar aquel precipicio, cueva o lo que fuera. Lo que se dice ver, no veía nada, pero mi nariz o naricilla percibía un olorcillo; un olorcillo que, en un primer análisis, lo asocié a un plato de macarrones con tomate y queso. «Si doy con el origen de ese olorcillo», pensé, «encontraré la cocinilla donde se ha preparado ese platito, y en esa cocinilla habrá una puertita para salir de esta cueva o precipicio».

Sin más guía que mi olfato –un olfato excelente, por otro lado, uno de los mejores olfatos del continente–, me puse a caminar y di primero diez pasos, luego cinco, a continuación dos, luego uno más, luego ninguno. Justo en ese momento, me di cuenta de que estaba parado.

–¿Por qué estoy parado? –me pregunté.

–Porque caminar a oscuras resulta muy incómodo –me respondí.

Encontré la respuesta muy convincente, y decidí desandar el camino recorrido. Lo mejor era esperar. Antes o después, las individualidades que se habían quedado en la biblioteca notarían mi falta y saldrían a buscarme.

–Necesitaré un poco de paciencia. Un poco y pico –me dije al tiempo que me tumbaba en un rincón de la cueva, precipicio o lo que fuese–. ¡Ayuuuda! –grité antes de cerrar los ojos y caer dormido.

Mis sueños fueron agitados. Soñé que las individualidades de mi casa me incordiaban de una y mil maneras. Estaba Jon, que quería atarme el rabo con una cuerda; estaba Ariadna, que me pegaba en la cabeza con un libro muy pesado; estaba María, que me quitaba el plato de macarrones que alguien me había preparado; estaba Ainhoa, que me tiraba de las orejas y me ahogaba a besos. Enloquecido por aquella pesadilla, me levanté del rincón donde estaba y corrí como un sonámbulo hacia el interior de aquel precipicio o cueva.

Soy un perro fuerte y ligero, y la gente que me ve correr suele comentar que mi nombre debería ser Aquiles, en referencia a un héroe griego que, por lo visto, tenía alas en los pies. Así ocurrió aquel día: dormido y todo, atravesé volando la oscuridad y llegué a un punto leja-

no, lejanísimo. Me di cuenta de lo que había pasado nada más salir de mi sonambulismo: estaba perdido. Perdido y solo. Perdido, solo e incómodo.

–Pero, ¿qué has hecho, Aquiles Bambulo? –exclamé en voz alta–. ¡Has labrado tu propia desgracia! ¡Nunca saldrás de esta cueva, precipicio o lo que sea!

–No exageres, Bambulo –dijo entonces una voz surgiendo de la oscuridad. Era la de una de las individualidades de la casa.

Su nombre se me escapó de los labios:

–¡Ariadna!

–¡Hay que ver cómo corres, Bambulo! ¡Estabas muerto de miedo! –dijo una segunda voz.

–Eso no es verdad, Jon. Me sentía incómodo, pero nada más –le respondí. Como mucha gente, Jon tiene la mala costumbre de confundir incomodidad y miedo. Pero las dos cosas no son iguales. Ni muchísimo menos.

–¿Por qué te has escapado sin jugar conmigo? Yo quería jugar a pillarte –dijo una tercera voz.

–Ya te lo explicaré más tarde, Ainhoa –respondí retrocediendo un poco.

–Te estarás preguntando sobre la forma de salir de aquí, ¿verdad, Bambulo? –me preguntó Ariadna. Es

buena chica, una individualidad excelente, pero también algo sabionda–. Pues, gracias a este hilo que llevo en la mano, nos va a resultar muy fácil.

–¿Qué hilo? No veo nada –dije.

–Ya se que no ves nada. Pero lo tengo en la mano. O mejor dicho, lo que tengo es un ovillo. He venido soltando hilo desde donde estaba limpiando María.

–No lo entiendo –dije.

–A veces pareces tonto de verdad, Bambulo –intervino Jon. Es buen chico, una individualidad excelente, pero también algo faltón–. Ariadna ha atado una punta del hilo a una de las mesas de la biblioteca, y luego ha venido hasta aquí con el ovillo. Eso significa que ahora mismo hay un hilo que nos une con la biblioteca. Bastará que sigamos su dirección para salir de este agujero. Sin necesidad alguna de luz.

–¿Y si los pájaros se comen el hilo? –pregunté.

–¿De qué pájaros hablas, Bambulo Tontolo? –se burló Jon.

–Lo que quería preguntar es si el hilo es fuerte –corregí.

–Es lo suficientemente fuerte, Bambulo –dijo Ariadna. Y luego, moviendo la nariz más o menos como la muevo yo–: Pero, ¿qué olor es éste?

–Se trata de un plato de macarrones con tomate y queso. El queso es parmesano, y el tomate tiene un poco de mantequilla y también, quizás, huevo duro picadito –informé sin titubear. En aquel punto, el olor era muy intenso.

–¡Vamos! Ese olor me interesa –chilló Jon internándose aún más en aquella cueva, precipicio o lo que fuese–. ¡Siempre he pensado que tenía que haber muchas cocinas subterráneas en Bilbao!

Jon parecía entusiasmado, y nos arrastró a todos hacia la oscuridad. Yo me dejé llevar estilo caña o bambú, porque al fin y al cabo ellos eran los que tenían el hilo. Por otra parte, todo hay que decirlo, los macarrones olían estupendamente.

Nos pusimos todos en fila india. Primero iba Jon, luego Ariadna, luego yo en plan tranquilo, y luego por fin, a mi cola, prácticamente unida a ella, venía la pequeña individualidad Ainhoa.

No caminamos mucho, sólo unos treinta pasos, hasta llegar a un lugar muy diferente al precipicio o cueva donde nos habíamos encontrado. Se trataba de una biblioteca, o mejor dicho, según nos enteramos luego, de la parte subterránea de la biblioteca que limpiaba María, y era todo luz, luz y olor. La luz la ponían *unas enormes lámparas colgadas del techo; el olor, los libros de las estanterías y los macarrones que ya habíamos sentido macarronear por allí. Pero, ¿dónde estaban aquellos macarrones, exactamente?*

Tampoco esta vez tuvimos que esperar mucho. Subimos una escalera de piedra y llegamos hasta un lugar que era mitad almacén mitad cocina. En medio de aquella estancia, había una mesa, y en medio de la mesa, un plato de macarrones. Un poco más arriba de los macarrones, asomaban la barba y la cara de Panchi, alias Cabecita de Ajo...

Panchi, alias *Cabecita de Ajo*, era cocinero, y debía su apodo a la costumbre de poner la susodicha cabecita en todos y cada uno de sus cocidos. En la época en que Bambulo y las demás individualidades dieron con él tenía más de sesenta años, y estaba retirado.

–No, ahora no trabajo. El restaurante lo llevan mis hijos –les dijo después de los saludos y las preguntas de rigor.

Panchi hablaba despaciosamente, sin dejar de comer sus macarrones con tomate y queso.

–¿Dónde está el restaurante? ¿En qué parte de la ciudad? –le preguntó Ariadna. También ella estaba muy tranquila, como si conociera el lugar desde siempre.

–Aquí arriba –dijo Panchi señalando hacia el techo–. En un tiempo, este sitio era la bodega donde se guardaban las botellas de vino, pero ahora es mi rincón. Mi escondite, podría decirse.

–Y el restaurante, ¿es bueno o malo? –quiso saber Jon.

La pregunta era bastante comprometida, pero Panchi no se inmutó.

–Yo creo que es bueno. Este plato de macarrones, por ejemplo, está delicioso. Me lo acaban de bajar en ese montacargas –respondió señalando una especie de chimenea.

–¿Usted no cocina? –preguntó Ariadna.

–Sólo cuando tengo un capricho –dijo Panchi–. El resto de las veces me conformo con la comida que me bajan del restaurante. Lo hago para tener tiempo, ¿sabes? Necesito tiempo para leer los libros que hay por aquí.

–Yo prefiero cocinar a leer –dijo Jon. No mentía. De vez en cuando, se ponía al lado de María y trajinaba con las ollas y las sartenes de su casa.

–Leer un poco, o un poco y pico, no viene mal para la cocina. Los cocineros que leen suelen ser mejores –argu-

mentó Panchi–. ¿Qué? ¿No hay más preguntas? –añadió, dirigiendo su sonrisa a Ainhoa.

–Su barba es muy larga –dijo la pequeña individualidad saliendo de su mutismo.

–Eso no es una pregunta, Ainhoa –dijo Bambulo. También él quería salir de su mutismo.

–Entonces, haz tú la pregunta. Una pregunta de verdad –le animó Panchi.

–¿Quedan macarrones? Me muero de hambre –dijo Bambulo. Estaba mareado con los olores de aquella cocina.

Panchi, alias *Cabecita de Ajo*, era un hombre verdaderamente tranquilo. No le molestó el descaro de nuestro perro. En lugar de eso, se levantó con toda parsimonia, tomó el auricular de un telefonillo y pidió un plato de macarrones, grande, grandísimo. Un instante después, el plato bajaba por el montacargas y era recibido con júbilo por parte del interesado, es decir, Bambulo.

–Extraordinarios. Realmente extraordinarios –proclamó Bambulo después de probarlos–. Y ahora, ¿qué quieres, Ainhoa? –preguntó a continuación a la pequeña individualidad al ver que ésta se le había aproximado.

–Macalones, Mamulo –dijo Ainhoa abriendo la boca.

–De acuerdo. Te daré cuatro. No creo que debas comer más. Comer engorda, ya lo dice la televisión. Y la televisión sabe mucho, no creas –dijo Bambulo.

–Quiero cuatro y pico –regateó Ainhoa.

Las dos individuales discutieron un rato hasta ponerse de acuerdo en la cantidad, pero al final acabaron callándose y dedicándose a comer. Mientras, el resto de las individualidades charlaba a todo charlar.

–Yo no tuve suerte con la cigüeña que me trajo de París –dijo Panchi. Ariadna le había pedido que les contara su vida–. En lugar de dejarme en un caserío rico, me dejó en uno muy pobre.

–Eso de la cigüeña es una tontería –apuntó Jon.

–Es una forma de hablar, Jon –le explicó Ariadna–. Panchi se refiere a su nacimiento. Si leyeras más libros no te quedarías descolocado con las metáforas que te salen al paso.

–Pues sí, nací en un caserío muy pobre –continuó Panchi–. A la edad de seis años llevaba de la mano a dos hermanas menores que yo y me iba al monte para todo el día, a cuidar ovejas. ¡Qué miedos pasé en esa época! El lobo siempre andaba rondando, a ver si nos podía robar un cordero. ¡Gracias a que tenía dos perros buenísimos! Eso nos salvó. Eran muy inteligentes y bravos, del estilo de este Bambulo vuestro, y ahuyentaban los malditos lobos.

–Muchas gracias –dijo Bambulo sin levantar los ojos del plato que estaba comiendo–. Tampoco a mí me asustan los lobos.

–Habría que verlo –dijo Jon torciendo la boca.

–¿No iba a la escuela, Panchi? –preguntó Ariadna. No quería más discusiones. Sentía curiosidad por el cocinero retirado que tenía delante.

–¡Esa era precisamente mi pena! –exclamó Panchi–. Que en lugar de ir a la escuela tenía que ir al monte. Sin remedio. Y no sólo durante mi infancia. También luego, cuando mis padres me enviaron de criado a un caserío rico. Más tarde, ya de joven, vine aquí, a Bilbao, a trabajar en un restaurante, y procuré aprender algo asistiendo a la escuela nocturna. Pero, ¿qué podía aprender yo? Me pasaba más de diez horas de pie detrás del mostrador, y luego me dormía en clase. En fin, que el agua siguió su curso.

–Quiere decir que la situación no cambió –explicó Ariadna mirando hacia Jon. Estaba muy contenta de su capacidad para entender metáforas.

–Por eso estoy aquí abajo –suspiró Panchi–. No porque me guste la vida subterránea, sino para recuperar el tiempo perdido y poder estudiar. Como habéis visto, este rincón se encuentra a un paso de los pasillos de la biblioteca. Así que salgo, cojo un libro cualquiera y me pongo a leer. He aprendido muchas cosas estos últimos años.

–¡Extraordinarios! ¡Qué macarrones! ¡Mejores que los de casa! –exclamó Bambulo.

–¡Extraordinarios! –repitió Ainhoa. Estaba contenta, contentísima, de tener la misma opinión que su querido perro.

–¡Muchas gracias! Se lo diré a mis hijos. Que Bambulo y Ainhoa se han quedado muy contentos con los macarrones –dijo Panchi. Luego añadió–: Y, ahora, ¿por qué no vamos a ver los libros? Podríamos dar un paseo por la zona profunda de la biblioteca.

–No, yo no voy. Id vosotros. Yo prefiero quedarme aquí. Creo que voy a tumbarme y reposar –dijo Bambulo al tiempo que negaba con la cabeza. Como he dicho antes, en aquella primera época de su vida no sentía afición por los libros.

Panchi, *Cabecita de Ajo*, también movió su cabeza, aunque no tan negativamente como Bambulo.

–Pues, ¡qué pena! –suspiró.

La manera en que Panchi dijo aquellas palabras alarmó a Bambulo. Levantó una oreja y se puso pensativo, reflexivo, dubitativo. Se acababa de convertir en Bambulo *Deskonfiator*.

–O sea, que sería una pena... –susurró.

–Una pena, sí. De verdad, Bambulo, sería lamentable.

–¡Lamentable! –repitió Bambulo. Aquella palabra le parecía muy fuerte.

Las sospechas de Bambulo fueron en aumento. El cocinero Panchi trataba de decirle algo, de eso no cabía duda. Pero, ¿qué? ¿Algo relacionado con galletas? ¿Habría escondido sus galletas entre los viejos libros de la biblioteca? ¿La invitación a acompañarle sería, al cabo, una invitación al postre? Un temblor recorrió la oreja que tenía levantada. No sabía qué hacer. ¿Qué valía más? ¿El reposo que tenía a mano o las cien galletas volando?

Según confirman un montón de documentos, a Bambulo nunca le ha fallado el instinto. Cada vez que se ha visto en una encrucijada, siempre ha acertado con la vía a seguir, siempre ha tomado el camino de oro. Y así ocurrió también aquel sábado. Se aguantó las ganas de dormir y se fue en pos de las galletas. No imaginaba entonces lo que le aguardaba, la *galleta* con que se iba a encontrar.

El asunto se aclaró después de que Panchi les invitara a detenerse frente a una estantería llena de libros antiguos, antiquísimos. Actuando con resolución, buscó un libro de gran tamaño y lo puso delante de Bambulo.

–Toma. Tú eres el más indicado para verlo –le dijo.

Nuestro perro estaba impresionado. El temblor se apoderó de sus dos orejas. Parecía Bambulo *Pasmato*.

–¡Toma el libro, Mamulo! –le rogó Ainhoa.

–¿Tienes miedo? –se burló Jon.

–Adelante, Bambulo. Los libros no hacen daño. No se pueden comer, pero aparte de eso resultan bastante aprovechables –explicó Ariadna.

Nuestro perro hizo lo que le pedían, y sujetó el libro como si de algo muy frágil se tratara. Al leer su título, el corazón le pegó un golpe en el pecho. Pero, ¿qué decía allí? Pues decía lo siguiente:

GRANDES EPISODIOS
DE LA GRAN FAMILIA BAMBULO

–Parece un buen libro, efectivamente –dijo Bambulo sin acabar de creérselo. Le costaba reaccionar. Además, aquellas palabras significaban mucho más, muchísimo más de lo que él podía asimilar en aquellos momentos.

–¡Es la historia de tu familia, Bambulo! –dijo Ariadna sin poder contener su emoción.

–La historia de mi *gran* familia. De la *gran* familia Bambulo –puntualizó nuestro perro. Ya iba reaccionando.

–Veamos qué cuenta –dijo Jon haciéndose con el libro. También él estaba intrigado–. ¡Oh! Pero, ¡qué es esto! Todas las páginas están negras y estropeadas! ¡No se puede leer nada!

Nuestro perro se inquietó. Su gozo estaba a punto de caer en un pozo.

–¡No empieces con tus bromas, Jon! –dijo.

–¡Es verdad, Bambulo! ¡Aquí no se puede leer nada! –chilló Ariadna.

Nuestro perro volvió a mirar el libro. Sí, era verdad. Las páginas estaban sucias, rotas, ilegibles. Lo que dominaba allí era el borrón.

–Esto lo habrá hecho algún enemigo de la gran familia Bambulo –dijo. Tenía los dientes apretados.

–No, Bambulo. No se trata de eso. No hay enemigo que valga. Esto lo han hecho el agua y la humedad. ¿Recuerdas las inundaciones de Bilbao? Fue entonces cuando se estropeó el libro.

–¡Pues ya verán el agua y la humedad cuando les coja! –farfulló Bambulo. La rabia no le dejaba pensar.

–Mamulo, cuéntanos la historia de tu gran familia –dijo Ainhoa.

–Ahora no puede. Las páginas del libro están estropeadas –le explicó Ariadna.

–De algo se acordará, ¿no? –intervino Jon con cierto enfado–. Al fin y al cabo, es la historia de sus antepasados. Si a mí me preguntaran por los míos no me costaría dar una respuesta. Diría que mi padre es marinero, y que mi abuelo también lo fue, y que el padre de mi abuelo lo mismo. Para saber eso no necesito la ayuda de ningún libro. Así es que ya puedes contar algo de tu familia, Bambulo.

–De mi *gran* familia. La *gran* familia Bambulo –volvió a puntualizar nuestro perro.

–¿Dónde está papá? –preguntó Ainhoa.

–¿Dónde quieres que esté? En Terranova, pescando bacalao –le respondió Jon.

Por un momento, los pasillos de la biblioteca se llenaron de silencio. Aquellas individualidades, Ariadna, Jon y Ainhoa, se entristecían al recordar lo lejos que estaba su padre. Querían que encontrara otro trabajo y dejara para siempre la mar, pero, como su propio padre solía decir, encontrar un nuevo trabajo no era un trabajo fácil. Mientras hubiera bacalao, él tendría que seguir en el barco, Terranova arriba, Terranova abajo.

–Queridos amigos, olvidémonos ahora de vuestra familia y volvamos a la mía. A la *gran* familia Bambulo –dijo nuestro perro. No sólo por egoísmo; también por despejar la tristeza que se había puesto a flotar en el ambiente.

–Muy bien. Cuéntanos algo de tu familia. Quiero oírlo –dijo Jon con cierta vehemencia. Estaba nervioso con el bambuliano libro de la biblioteca.

–Queridos amigos –dijo Bambulo con gran solemnidad. Parecía estar a punto de hacer una importante, importantísima, declaración–. Cumpliría vuestro deseo con mucho gusto. Pero es tan compleja la historia de los Bambulo, tan intensa, tan hazañosa, hazañiente o como se diga, que mi pobre memoria no es capaz de penetrar en ella. En cuanto lo intenta, se bloquea. En una palabra, queridos amigos: no me acuerdo de nada.

Bambulo vació su pecho lleno de aire. Realmente, hablar de aquella manera cansaba bastante.

–Seguro que todo es mentira –atacó Jon.

Bambulo alargó el cuello y se dispuso a responder. ¿Cómo podía decir aquello? ¿Cómo se atrevía Jon? ¿Cómo podía extender la negra nube de la duda sobre la historia de su gran familia?... Pero, al cabo, después de amasar esas preguntas y otras parecidas, desalargó su cuello y lo devolvió a su posición de costumbre. Después de todo, ¿qué sabía él de los grandes episodios bambulianos? Nada. Absolutamente nada.

Bambulo iba a resignarse y ceder, cuando Panchi, *Cabecita de Ajo,* tomó la palabra. Había abierto el libro por una página que no parecía estar tan sucia como las que habían visto hasta entonces.

–No todo es mentira –dijo dirigiéndose a Jon y a las demás individualidades–. Hay aquí unas hojas que no fueron dañadas por el agua. Se habla en ellas de tres antepasados de Bambulo.

Nuestro perro suspiró aliviado. Aquellas buenas páginas taparían los vacíos de su memoria. Se inclinó sobre el libro con total concentración, dispuesto, dispuestísimo, a enterarse de las cosas de su familia.

–Vamos a leer –dijo Ariadna acercándose al libro.

–¿De cuántas páginas se trata, exactamente? –preguntó Jon. Estaba más atrás que las otras individualidades.

–Son tres páginas –informó Panchi–. Dos de ellas están escritas, y la tercera lleva la reproducción de un cuadro de Goya.

–¡Mamulo, quiero leer el libro! –dijo Ainhoa. Tenía la cabeza inclinada, pero hacia arriba.

–Ainhoa, tú no sabes leer. Todavía no.

Bambulo había respondido sin pensar, automáticamente. Toda su capacidad de concentración estaba ahora puesta en el cuadro de Goya que se reproducía en el libro.

En él aparecía un perro muy similar a él, hundido en la arena y con la cabeza o cabecilla ligeramente levantada. Llevaba este pie:

Bambulillo medio hundido en la arena
Francisco de Goya (1746-1828)
Museo del Prado. Madrid

Contemplando aquella imagen, Bambulo se llenó de angustia. ¿Qué hacía Bambulillo? ¿Por qué se encontraba medio hundido en la arena? Daba la impresión de que se estaba ahogando. Sus ojos, su forma de mirar, expresaban pánico, terror, horror.

–¿En qué acabó lo de Bambulillo? ¿Se salvó? –preguntó. Sentía ahogo, una incómoda sensación de asfixia.

–No lo podemos saber. No tenemos documentos –le respondió Panchi, que tenía cierta vocación de secretario.

–Habrá alguna manera de saberlo –dudó Bambulo.

–No sé por qué te preocupas tanto. Al fin y al cabo, ¿qué te importa? –dijo Jon.

–¡Cómo no va a importarme! –exclamó Bambulo enfadándose–. He estado un montón de tiempo sin saber nada de mi pariente Bambulillo, y ahora resulta que la primera noticia que tengo es este cuadro. ¡Un cuadro donde se representa su hundimiento, asfixia y muerte! ¿Qué crees? ¿Que no tengo sentimientos? Pues has de saber que sí los tengo. ¡Soy uno de los perros más sentimentosos del mundo!

–*Sentimentosos*, dice –se burló Jon–. Esa palabra no existe.

–No existía –le respondió Bambulo interviniendo con premura–. Pero ahora sí existe. Acabo de decirla.

–Estás loco, Bambulo –le dijo Jon.

–No. Estoy sentimentoso –insistió Bambulo.

–Más que sentimentoso, yo diría triste, Bambulo. Te entristece el terrible final que tuvo Bambulillo, ahí, en esa arena, ahogándose –dijo Ariadna.

–No te pongas triste, Mamulo –dijo Ainhoa.

–Un poco de tranquilidad, amigos –intervino Panchi–. Habéis ido demasiado lejos. El libro no dice absolutamente nada de lo que estáis comentando. No habla de ahogos ni de asfixias. Lo único que se puede deducir de la pintura que reproduce es que hubo un perro de nombre Bambulillo que fue visto y pintado por Goya en una posición un tanto rara.

–Rara y arenosa –puntualizó Bambulo–. Realmente, estoy muy tristoso. Sentimentoso y tristoso.

–No, Mamulo. Tristoso no –le dijo Ainhoa tirándole con fuerza de una oreja.

–Más fuerte, por favor, tira más fuerte –le dijo Bambulo–. El dolor que siento en la oreja me hace olvidar mi otro dolor, el que siento por el terrible final de mi Bambulillo.

Nuestro perro se daba cuenta de que estaba exagerando un poco, un poco y pico, pero en cierto modo le encantaba aquella forma de hablar, tan llorosa, tan sentimentosa, tan tristosa. Le hacía sentirse importante.

–De todos modos, las otras páginas son más gratas –dijo Panchi, volviendo a mirar el libro–. Se habla en ellas de dos gloriosos antepasados de Bambulo, los llamados Bambulegui y Bambulsson.

–¿Dónde? ¿Dónde están? –dijo Bambulo inclinándose sobre el libro.

–Aquí y aquí –le respondió Panchi señalándole las páginas.

–Yo también quiero leer lo que dice de Bambulegui y Bambulsson –dijo Ariadna.

–Yo también, Mamulo –dijo Ainhoa.

–Yo no tengo ninguna prisa –dijo Jon.

Dejemos ahora, sólo por un momento, la narración de lo sucedido en la biblioteca, y pasemos a mostrar los documentos. ¡Adelante, pues, con ellos! Veamos lo que estaba escrito en el libro. ¡Adelante, Bambulegui! ¡Adelante, Bambulsson!

Bambulillo medio hundido en la arena
Francisco de Goya (1746-1828)
Museo del Prado. Madrid

DOCUMENTO QUE PANCHI, CABECITA DE AJO ENCONTRÓ EN EL LIBRO **GRANDES EPISODIOS DE LA GRAN FAMILIA BAMBULO** DOCUMENTO P/LIB/1A. BAMBULEGUI

Mucho se ha escrito sobre la personalidad del verdadero descubridor de América. Unos dicen que fue un soldado vikingo; otros, que un marinero vasco de Villarreal de Urretxua; otros más, la mayoría, que el genovés Cristóbal Colón. Pues bien: no fue ninguno de los tres. Fue Bambulegui, uno de los perros con más vista del continente. Viajaba en la Santa María junto a Colón, y tenía la costumbre de ir siempre a proa debido a que, siendo de gran apetito, anhelaba llegar a la costa para poder comer sin los límites y rigores del barco. Un día, al amanecer, Bambulegui vio una sombra en el horizonte, y levantándose gritó: «¡Comida! ¡Comida caliente!». Los marineros que estaban a su alrededor le miraron con asombro, y entonces Bambulegui exclamó aquello que ha pasado a la historia, y no sólo a la de los gritos: «¡Tierra!». No se sabe si fue inspiración divina o intuición reforzada por los deseos de comer caliente, pero lo que importa es que Bambulegui acertó…

Documento que Panchi, Cabecita de Ajo encontró en el libro **Grandes episodios de la gran familia Bambulo** Documento P/Lib/1b. Bambulsson

Muchos conocen la gesta de Amundsen y Scott en su lucha por conquistar el Polo Sur. Sabemos también que el primero en llegar fue el noruego Amundsen. Lo que no se conoce tanto es el nombre del perro que hizo posible la hazaña. Ese perro se llamaba Bambulsson. Mientras sus compañeros de la traílla desfallecían y dejaban de tirar bajo una terrible tormenta de nieve, Bambulsson sacó fuerzas de flaqueza y siguió adelante. Con perros así, las conquistas resultan más fáciles...

–No me acuerdo de esa expedición al Polo Sur –comentó Ariadna cuando terminaron de leer lo que el libro decía de Bambulsson.

–Yo tampoco –añadió Ainhoa.

–Yo sí. Al menos un poco sí que me acuerdo –dijo Bambulo por lo bajo, en un susurro.

–¡Mentira! –le espetó Jon. Tenía el oído muy fino, y no se le habían escapado las palabras de Bambulo.

–Fue una de las expediciones más memorables de la historia –intervino Panchi, *Cabecita de Ajo*–. Por una parte, el objetivo que se habían propuesto los exploradores era muy difícil. Por otra, la prensa planteó la hazaña en términos de apuesta o de competencia entre los dos equipos, el británico dirigido por Scott y el noruego dirigido por Amundsen. Después vino la desgracia de Scott y sus compañeros...

–Llegaron segundos –dijo Ariadna.

–Porque no tenían un perro como mi pariente Bambulsson –añadió Bambulo hablando bajo, bajísimo.

–No sólo eso, Ariadna –le explicó Panchi–. A la vuelta del Polo Sur, Scott y sus compañeros se vieron atrapados en una terrible tormenta de nieve, que duró semanas, y murieron de hambre y de cansancio. Todavía recuerdo las últimas y serenas palabras de Scott, escritas en su diario: «La tormenta no amaina. Mañana haremos el últi-

mo intento. Ya no nos queda combustible, y sólo hay comida para una o dos veces. El final se acerca».

–¡Qué triste! –exclamó Ariadna.

–Sí, es muy triste –dijo Panchi. También a él le había afectado la historia–. De todos modos, aquellos exploradores eran así. Vivían en constante peligro. El mismo Amundsen murió unos meses después de conquistar el Polo Sur, cuando intentaba rescatar a una expedición que se había perdido. Realmente, eran personas de mucho temple. Nosotros, la gente de ahora, somos muy diferentes.

–Los perros no hemos cambiado tanto –dijo Bambulo sin despegar los labios. Esta vez, nadie oyó su comentario.

Panchi, *Cabecita de Ajo*, hizo un gesto con la mano y miró a Bambulo.

–No sé por qué he contado la triste historia de Scott. Estoy estropeando un momento feliz. ¿No es así, Bambulo? ¡Hay que ver qué parientes los tuyos! Por una parte Bambulegui, por otra Bambulsson...

–Extraordinarios –dijo Bambulo.

–También a mí me gustan los macalones, Mamulo –intervino Ainhoa. Estaba ya bastante cansada, y le costaba seguir la conversación.

–Deberíamos volver –dijo Jon–. Se nos ha hecho tarde, y María estará preocupada.

–¿Dónde he dejado yo el hilo? –exclamó de pronto Ariadna–. Necesito el hilo para encontrar el camino de vuelta.

Panchi devolvió el libro de la gran familia Bambulo a la estantería y les pidió que le siguieran.

–No os preocupéis. Yo os enseñaré el camino. Además, tengo una linterna –les dijo.

No tardaron mucho en salir del subterráneo y juntarse con María. Luego, una vez en casa, cenaron y se metieron en la cama. Pero, afortunadamente, no quedó ahí la cosa. Tal como ocurre cuando hay una experiencia de por medio, algunas individualidades crearon, esa misma noche, una serie de documentos. Dicho en otras palabras, Ariadna, Jon y Bambulo no se durmieron enseguida. Antes, escribieron unas líneas en sus respectivos diarios.

Veamos ahora esos textos: documentos que he podido obtener gracias a la amabilidad de Bambulo, ya comentada, y la de Ariadna y Jon, no tan comentada hasta ahora. ¡Muchas gracias a todos! ¡Mi agradecimiento por preocuparos del bienestar de los secretarios! ¡Adelante con los documentos!

Lo que escribió Ariadna en su diario
Documento A/D/35

Esta tarde hemos estado en la biblioteca y hemos conocido a un hombre bastante anciano llamado Panchi. Me ha parecido muy interesante. Lee mucho, un montón, y nos ha contado una cosa muy conmovedora sobre el capitán Scott. Tengo que conseguir un libro sobre esa expedición. Panchi también nos ha hablado de Bambulsson, un pariente de Bambulo que fue en la expedición. Pero no en la de Scott, sino en la del otro.

Lo que escribió Jon en su diario
Documento J/D/7

Esta tarde hemos ido a la biblioteca pero no ha sido tan aburrido como otras veces. Nos hemos encontrado allí con un cocinero Panchi Cabecita de Ajo que antes por lo visto tenía un restaurante allí mismo y utilizaba bastante el ajo. Hemos hablado un rato con él, sobre todo de cosas de Bambulo por un libro que había allí pero cuando hemos vuelto a su rincón le he preguntado si tenía alguna receta para hacer chocolate porque la semana que viene hay una fiesta en la escuela y me gustaría preparar chocolate con churros para toda la clase y me ha dicho que sí, que tenía una buena receta para hacer chocolate pero los churros que mejor si los compraba en una churrería que en las churrerías los hacen bien y entonces me ha dejado un cuaderno para que copiara la receta del chocolate, con lo cual fenomenal. Ahora copio la receta.

Para hacer chocolate. Se pone leche fría en un recipiente y se le añaden trocitos de chocolate en la cantidad que a uno le parezca conveniente. Se calienta revolviendo constantemente con una cuchara de palo, para que se disuelva el chocolate y para que no agarre. La mezcla tiene que hervir. Cuanto más hierva, más espeso el chocolate. Mejor hacerlo de víspera.

LO QUE ESCRIBIÓ BAMBULO EN SU DIARIO
DOCUMENTO B/D/19

Hoy he ido a la biblioteca, y nada más llegar he descubierto un pasaje secreto. A pesar de que estaba muy oscuro, he tirado para adelante siguiendo el olor de unos macarrones con tomate y queso, porque, se me olvidaba decirlo, allí en aquella cueva o precipicio había un olor a macarrones con tomate y queso que te morías. Al final, he dado con los susodichos macarrones, y me los he comido. He comido todos salvo los ocho o nueve que me ha pedido Ainhoa, y luego nos hemos ido todos tras Panchi el de la barba larga.

Panchi nos ha enseñado un libro muy viejo, y para mi sorpresa allí aparecían algunos antepasados míos, todos muy desgraciados, individualidades que vivieron penando y sufriendo. El primero por lo visto anduvo en un barco, todo el día mirando al mar a ver si olía algo, y así durante meses hasta que llegó a América y pudo comer algo, aunque a saber qué porquerías comió allí, porque eso es lo que dice el marinero de casa cuando vuelve de Terranova y esos sitios, que por allí se come fatal, y que en ningún sitio se está como en casa. Y si la vida de este antepasado fue mala, peor fue aún la del segundo antepasado del libro, porque éste se pasó toda la vida entre hielos y nieves, en busca del Polo Sur, tirando de un trineo repleto de cosas. Pero, ¿que había en el Polo Sur? Pues lo mismo que en el camino, hielo y nieve. Y lo que yo digo: ¿para qué ir entre hielo y nieve a sabiendas de que lo único que vas a encontrar es más hielo y más nieve? No tiene sentido.

De todas maneras, el peor caso era el del tercer antepasado. Por lo visto su nombre era Bambulillo, y lo único que se sabe de él es que se medio hundió en la arena, porque así lo pintó un pintor, Goya. Y lo que yo me digo: ¿qué hacía Bambulillo medio hundido en la arena? Me pongo a pensar en su situación y me entra angustia. Sobre todo si pienso en su mirada, porque el tal Bambulillo tenía una mirada de susto como pocas he visto. Da la impresión, viéndole, de que algún bicho que vive bajo la arena le agarra de los pies y le arrastra hacia abajo. Aunque, claro, quizás se tratara de arenas movedizas. La verdad, no sé que le pasó a Bambulillo. Pero me gustaría saberlo.

Así fue como quedaron las cosas tras la visita a la biblioteca y el encuentro con Panchi, *Cabecita de Ajo*, tal como lo cuentan y expresan Ariadna, Jon y Bambulo en sus respectivos escritos. Curiosamente, según puede observarse en ellos, ninguno pensó que aquel día fuera especialmente especial, importante, importantísimo, y no quedó marcado como un hito, un punto y aparte. Ha habido gente –lo sé muy bien, tengo documentos– que ha tratado de contar la historia de otra manera, escribiendo por ejemplo que «cuando Bambulo vio el viejo libro en la biblioteca tuvo la impresión de que un rayo le golpeaba en la cabeza al tiempo que una voz que parecía proceder del mismo cielo le lanzaba un mensaje: 'Bambulo, Bambulo, ¿por qué no te pones en camino? ¿por qué no marchas de ciudad en ciudad y de biblioteca en biblioteca y desvelas las grandes historias de tus grandes antepasados?'». Nada más inexacto. Las cosas, ya lo he dicho y demostrado con las anotaciones de Ariadna, Jon y el propio Bambulo, no sucedieron así. Todo fue más normal. Para describirlo con una imagen, yo diría que la visita a la biblioteca dejó una simiente en la mente de Bambulo, y que fue esa simiente la que luego, al crecer, provocó el cambio de vida y la transformación de nuestro héroe, digo, de nuestro perro. Afirmo esto como secretario que soy y como aficionado a la jardinería que también soy. Conozco perfectamente la manera de crecer y desarrollarse que tienen las flores y los árboles, y por eso hago la comparación, el símil, la metáfora.

Lo primero que hizo la simiente alojada en la mente de Bambulo fue alterar su sueño. Nuestro perro comenzó a dormir mal, malísimamente mal, y las individualidades de la casa, lo mismo Ariadna que los demás miembros de su familia, le veían tumbado en la alfombra y gimiendo, temblando, llorando, gritando:

–¡No! ¡No! ¡No! ¡Sal de ahí Bambulillo! ¡No te hundas en la arena!

–¿Qué te ocurre, Bambulo? –le preguntaba Ariadna, toda preocupada.

–Cenas demasiado –le decía Jon.

–Ser verdad. Tú comer demasiado y luego tener pesadillas –insistía María.

Bambulo nunca les oía a la primera. Le costaba despertarse.

–¡Cuidado, Bambulillo! –gritaba–. ¡Cuidado con esa arena, que es muy movediza!

–¡Bambulo! ¡Despierta! –gritaban todas las individualidades a una.

–Estaba soñando con la pintura que venía en el libro –explicaba nuestro perro despertándose.

La primera vez nadie dio mucha importancia a lo que le ocurría a Bambulo, pero luego, cuando la simiente se desarrolló y las pesadillas se convirtieron en cosa de todas las noches, las individualidades de la casa se empezaron a preocupar. Lo explicaba muy bien María en una carta que envió a Terranova para que su marido el marinero estuviera al tanto de lo que ocurría. Un documento que, gracias a la gentileza de la propia María, puedo copiar aquí letra por letra.

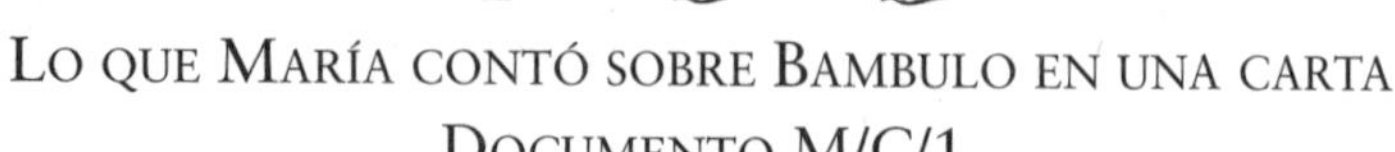

Lo que María contó sobre Bambulo en una carta
Documento M/C/1

Nuestro perro anda últimamente muy raro. No puede dormir tranquilo. En cuanto se duerme se pone a soñar con un tal Bambulillo, que se ahoga y que se ahoga, y al siguiente minuto ya está gritando, con lo cual todos nos despertamos sobresaltados. Además, le ha entrado una nueva manía. Quiere ir a la playa a todas horas. «¿Por qué tú querer ir playa?», le pregunto. Y él dice: «Mar grande, mar azul, yo querer ver mar». Pero luego, cuando vamos a la costa, él ni siquiera mira hacia el agua. Se pasa el tiempo en la arena. Busca diferentes rincones de la playa y se pone a saltar. «¿Tú qué hacer, Bambulo?», le pregunto. Y él responde: «¡Imposible! ¡Hundimiento ser imposible!». No sé bien qué pasa. Ariadna me dio una explicación con no sé qué cuadro que habían visto en la biblioteca, pero no le entendí mucho. Bueno, ya se le pasará. Ariadna dice que es una obsesión, pero ligera. Y tú, ¿qué tal por Terranova? ¿Bien? Pues sigue igual, y que tengáis buena pesca.

Los deseos de María no se cumplieron del todo, porque la simiente alojada en la mente de Bambulo creció más y más hasta convertirse en un árbol. Dicho de otra manera, la transformación que en un primer momento sólo le alteró el sueño, acabó influyendo en todo, y concluyó con su escapada, su desaparición. Un día, quisieron buscarle y no estaba.

–¿Dónde se ha metido Bambulo? –se preguntaban las individualidades de su casa. Pero no había respuesta. Nuestro perro se había marchado. De su casa. De Bilbao.

–Vino por aquí un par de veces –contó Panchi, *Cabecita de Ajo*–. Nada más llegar, iba hasta la estantería donde está el viejo libro y lo abría por la página del cuadro de Goya.

–¿No pedía macarrones? –preguntó Jon.

–Pues no –dijo Panchi alargando los labios. También él estaba perdido.

–Entonces, algo grave le sucede –suspiró Ariadna.

–¡Mamulo, ven! –gritó Ainhoa. Pero nadie respondió. Su llamada se perdió en el aire.

No había que darle más vueltas. Bambulo no estaba.

Las individualidades de la casa reaccionaron mal, muy mal. Lo contaba María en una nueva carta a Terranova.

Lo que María contó sobre la desaparición de Bambulo
Documento M/C/2

Nuestro perro no aparece por ningún lado. Ya te dije en la anterior carta que se había puesto raro, y ahora por lo visto se ha ido. Lo peor es que la situación de casa es ahora desastrosa. Ainhoa no hace otra cosa que llorar y llorar, que quiere ver a Bambulo; por su parte, Ariadna tiene una teoría terrible, dice que Bambulo no ha desaparecido por voluntad propia, sino por secuestro. Que hay bandas que secuestran perros para luego organizar peleas clandestinas, y que así andará ahora Bambulo, de pelea en pelea. Jon está más callado, pero lo está pasando mal. Ya no me ayuda en la cocina, dice que no tiene ilusión. Así que ya ves, una vida como para volverme loca.

Así se quejaba María en su carta, pero en mi opinión –lo digo con la humildad de un simple secretario–, tanto su reacción como la de las otras individualidades de la casa fue excesiva, porque, al fin y al cabo, ¿es tan raro desaparecer? No, no lo es. De ningún modo. No y no. En absoluto. Desaparecer no es nada raro ni extraordinario. Si hiciéramos una lista de las cosas que desaparecen, ¡quién sabe!, quizás fuera interminable. Como yo mismo escribí una vez en la «Revista de Secretarios y Secretarias», hay muchas, muchísimas individualidades aficionadas a desaparecer. Para mayor claridad, aporto el documento.

LO QUE YO MISMO ESCRIBÍ SOBRE DESAPARICIONES
DOCUMENTO S/R/1
REVISTA DE SECRETARIOS Y SECRETARIAS

INDIVIDUALIDADES AFICIONADAS A DESAPARECER

*1.– **Las nubes.** Las nubes son, sin duda, muy aficionadas a desaparecer. A las cinco de la tarde las ves ahí, dispersas por el cielo; a las siete, ya no están, y el cielo se muestra completamente azul.*

*2.– **Los pájaros.** Son, igualmente, muy aficionados a desaparecer. En un momento dado te los encuentras cantando sobre un alambre; al siguiente, ya no están.*

*3.– **Las flores.** En mayo o en junio las puedes ver en todas las praderas. Al cabo de un tiempo, sin embargo, todas desaparecen de la vista, tanto las rojas como las blancas, lo mismo las blancas que las moradas o amarillas.*

*4.– **El Sol.** Aun siendo grande y poderoso, el Sol también desaparece. A veces, a causa de un nube; otras, casi siempre, porque la oscuridad de la noche ocupa su lugar.*

*5.– **La Luna.** Igual que el Sol, la Luna es muy dada a desaparecer, pero lo hace muy poco a poco, como un queso tierno que alguien va comiendo con lentitud, o lentitud y pico.*

*6.– **El queso y, en general, todos los alimentos.** Por un tiempo, el queso y todos los demás alimentos permanecen en el frigorífico. Pero llega un momento en que desaparecen. ¿Por qué? Pues, porque tienden a desaparecer y nosotros no hacemos más que reforzar esa tendencia suya.*

*7.– **Las moscas.** Les gusta vivir cerca del queso y de los demás alimentos, pero ese deseo se encuentra a menudo con un obstáculo: el frigorífico. Efectivamente, a las* *moscas les cuesta mucho abrir la puerta del frigorífico. Por eso, se enfurruñan, dan un par de vueltas alrededor de la lámpara de la cocina y a continuación desaparecen.*

*8.– **Los conejos blancos.** En los conejos blancos se observa una notable tendencia a desaparecer. En su caso, se podría incluso hablar de manía. Cada cierto tiempo, cuando uno menos se lo espera, aparecen en el sombrero de un mago. Pero sólo por un instante: en cuanto se dan cuenta de que alguien los mira, agachan las orejas y desaparecen.*

*9.– **Las barcas blancas.** Al igual que los conejos blancos, las barcas blancas son propensas a desaparecer. Muchos han sido testigos de ese fenómeno al pasear por la costa: al inicio del paseo, ahí está la pequeña barca blanca sobre el agua; al final del paseo, sin embargo, hay cinco o seis barcas, de distintos colores, pero ninguna de ellas blanca.*

*10.– **Los amigos.** A veces, nuestros amigos desaparecen. ¿Por qué? Pues, porque se han ido de viaje, o porque se han mudado a otra ciudad, o porque han encontrado un nuevo trabajo. En definitiva, porque son aficionados a desaparecer.*

Por lo tanto, tal como demuestran los ejemplos citados en el documento, desaparecer es algo muy común, y nadie debería extrañarse ante un suceso de esa clase. Pero, aun así, las individualidades de la casa de Bambulo se sentían prácticamente enfermas con lo sucedido. No querían admitir la natural, naturalísima, actitud de su perro, similar en todo a la que poseen las nubes, los pájaros, las flores, el sol, la luna, el queso, las moscas, los conejos, las barcas, los amigos y el resto de las individualidades que pueblan este mundo. Así las cosas, las cartas de María a Terranova se multiplicaron, y sus quejas también. «Esto no tiene arreglo, no sé qué voy a hacer», repetía María una y otra vez.

El tiempo siguió su curso, y el martes sucedió al lunes, el miércoles al martes, el jueves al miércoles, el viernes al jueves, el sábado al viernes, el domingo al sábado, y el lunes, una vez más, siguió al domingo, y todo hacía pensar que la rueda seguiría girando con la misma monotonía eternamente. Pero no: al igual que ocurre con la ruleta de los casinos, que parece que no se va a parar pero al final se para, llegó un momento en que la situación cambió. Ocurrió el día en que Bambulo envió una señal, o mejor dicho, tres señales: tres postales desde la ciudad de Madrid.

Postal escrita y enviada por Bambulo
Documento B/P/1

Ainhoa, Ariadna, Jon,
María:
¿qué tal va la vida?
¿Bien? Aquí me tenéis
a mí, bambuleando por
esta ciudad.
Un abrazo.

Bambulo

Ainhoa, Ariadna,
Jon, María
Correo, 7, 2º
48005 BILBAO

Postal escrita y enviada por Bambulo
Documento B/P/2

¿Qué tal, amigos?
¿Cómo estáis? Yo bien,
bambulísticamente.
Un abrazo.

Bambulo

Jon, María
Correo, 7, 2º
48005 BILBAO

POSTAL ESCRITA Y ENVIADA POR BAMBULO
DOCUMENTO B/P/3

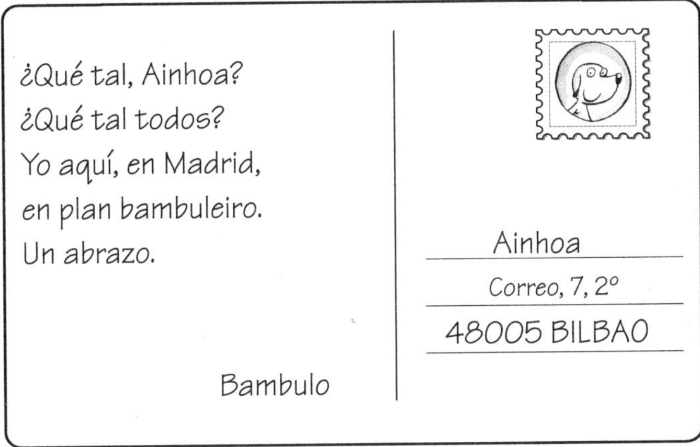
¿Qué tal, Ainhoa?
¿Qué tal todos?
Yo aquí, en Madrid,
en plan bambuleiro.
Un abrazo.

Bambulo

Ainhoa
Correo, 7, 2º
48005 BILBAO

Las tres postales de Bambulo parecían adquiridas en el Museo del Prado. La primera de ellas mostraba una vista del edificio; la segunda, uno de los cuadros más famosos del pintor Goya, *Los fusilamientos del 3 de mayo en la Moncloa*; la tercera, la reproducción de otro cuadro de Goya que las individualidades reconocieron enseguida.

–Es el mismo que Panchi, *Cabecita de Ajo*, nos mostró en el libro –dijo Ariadna, que tenía la postal en la mano.

–¿Cómo? –preguntó la pequeña Ainhoa. Estaba muy contenta de tener noticia de los pasos de Bambulo, pero también un poco confusa, un poco y pico. No comprendía bien la situación. Además, ella no sabía dónde estaba el Museo del Prado. Peor aún: ella no sabía dónde estaba Madrid.

–¿No recuerdas? –le dijo Ariadna–. El libro hablaba de los antepasados de Bambulo, y había uno que se estaba hundiendo en la arena, un perrillo llamado...

–¡Mamulillo! –exclamó Ainhoa. Sí, ella se acordaba muy bien de aquel perrillo, pero quería saber otra cosa. Quería saber qué pasaba, sencillamente.

–El nombre del cuadro está tachado –comentó Jon. Y era verdad. Allí donde la postal llevaba escritas las palabras «Francisco de Goya. Bambulillo medio hundido en la arena», sólo se podía leer con claridad el nombre del pintor. El título estaba atravesado por una raya de bolígrafo.

–¿Por qué lo habrá hecho? –se preguntó Jon.

–¿Qué va a pasar? –insistió Ainhoa.

Todas las otras individualidades se callaron. No, no era fácil responder a la pregunta. Ni siquiera María era capaz de dar con una buena respuesta.

–Por un lado, parece que está bien –le dijo a Ainhoa–. Si no estuviera bien, no habría escrito las postales. Pero, por otro, parece cambiado. Antes no utilizaba esas palabras que ahora utiliza, *bambulear, bambulísticamente* y demás. En fin, algún día lo sabremos.

–Yo creo que es por su obsesión –dijo Ariadna–. No se le quita de la cabeza lo de su antepasado Bambulillo, y no puede pensar en nada más. Ni siquiera en las palabras que debe utilizar.

Mientras hablaban, Ainhoa se dirigió a la puerta de casa, la abrió y salió a las escaleras. Tenía el ceño fruncido, fruncidísimo.

–¿Adónde vas, Ainhoa? –le preguntó María.

–¡En busca de Mamulo! –dijo Ainhoa con determinación.

–Pero, ¿adónde?

–¡A Madrid!

–¿A Madrid? Pero, ¡si está muy lejos! ¡No puedes ir allí andando, Ainhoa!

Para entonces la pequeña individualidad ya había bajado diez escalones. Cuando María la alcanzó y la devolvió a casa, ella se puso a llorar. Lloraba mucho, muchísimo.

–¡No te pongas así Ainhoa –le dijeron. Pero ella siguió en sus trece. Quería ir a Madrid y buscar a Bambulo. No quería quedarse en casa.

–Madrid es una ciudad muy grande, Ainhoa –le informó Ariadna–. Tiene unos cinco millones de habitantes, y más de cincuenta mil perros. Encontrar a Bambulo no te resultaría nada fácil.

–Te resultaría imposible –añadió Jon.

Por toda respuesta, Ainhoa intensificó su llanto. Sentía pena por su perro, una pena grande, grandísima. Estaba lejos de casa, entre miles de perros, obsesionado con aquel Mamulillo del libro. Sí, era una pena. Una pena grande, grandísima.

María lo contó todo en otra de sus cartas a Terranova.

María vuelve a describir la situación de su casa
Documento M/C/3

Desde que llegaron las tres postales de Bambulo, no descanso. Ainhoa se pasa todo el santo día berreando, que le dejemos ir a Madrid y que le dejemos, que quiere buscar a su perro. La verdad es que no sé qué hacer. Pensé el otro día que quizás debería acudir a ese programa de televisión, no sé si te acuerdas, ese programa llamado «Dónde están nuestros seres queridos», pero no tengo ropa para eso, hace siglos que no me compro un vestido nuevo, y para que todo el mundo me vea vestida igual que siempre, pues para eso no voy. Por otra parte, aunque encontráramos a Bambulo, ¿querría él volver a Bilbao? No estoy muy segura. Según parece, ahora le gusta más el Museo del Prado que su casa de siempre. ¡Ay! ¡Qué suerte tienes tú con el bacalao! Que yo sepa, los bacalaos no lloran ni tienen obsesiones. Aprovecha, pues, la paz de Terranova, y si tienes alguna buena idea para arreglar esta situación, envía un telegrama.

El telegrama de Terranova llegó enseguida, aconsejando a María que se comprara un vestido nuevo y que fuera al programa de televisión, y que por favor no llorara como lloraban todos los que iban preguntando por su ser querido; pero aquellas palabras, que pedían un imposible –no llorar en el programa más llorón del continente–, se borraron enseguida de la mente de María, y el telegrama quedó olvidado encima del frigorífico hasta que, como les ocurre a todos los documentos que acaban en dicho lugar, cayó al hueco de atrás y desapareció para siempre.

A los secretarios siempre nos duele la pérdida de un documento, y yo me enfadé y me deprimí un poco, o un poco y pico, cuando me di cuenta de que no podía contar con el telegrama. Afortunadamente, aquel desfavorable estado de ánimo desapareció como la niebla gracias al sol de los documentos que, cronológicamente hablando, le siguieron. Dos de ellos eran, y son, extraordinarios. Para decirlo con mayor énfasis: de todos los documentos que yo he ordenado, copiado, analizado, corregido y organizado para su mejor y más conveniente publicación, dos de los tres que a continuación voy a presentar pueden ser considerados como *princeps*, de primera o primerísima división. En uno de ellos, una larga carta, Bambulo cuenta una bambulística peripecia suya, comienzo de su fama y de su vida de viajero, historiador y bibliófilo; en el segundo –un documento que llegó a mis manos gracias a la amabilidad de Ariadna– Bambulo contesta las preguntas de un periodista en lo que fue la primera entrevista de su vida.

No quiero cansar al lector con mi prosa de secretario. ¡Adelante con los documentos! ¡Que sean ellos los que hablen!

CARTA QUE BAMBULO ENVIÓ DESDE MADRID
DOCUMENTO B/C/1

Ainhoa, Ariadna, Jon y María: ¿Os acordáis de Bambulillo? Era aquel perrillo que aparecía en el libro que Panchi, Cabecita de Ajo, *nos enseñó en la biblioteca. Aparecía también, no sé si os fijasteis, en una de las postales que os envié desde el Museo del Prado. Pues si os acordáis de él, también os acordaréis*

del cuadro entero y del título que le puso el pintor Goya: Bambulillo medio hundido en la arena. *¿Sí? ¿Localizáis este título en vuestra mente? Pues ya tenéis el motivo principal de mi desaparición.*

En un principio, sufría por lo que le había sucedido a Bambulillo. Soñaba que también yo me estaba hundiendo en la arena, y me despertaba todos los días con mal sabor de boca. «¡Qué mala suerte, haber tenido noticia de mis antepasados!», pensaba para mí. Porque, claro, todos preferimos vivir felices en la ignorancia que ser conscientes de lo que pasa y sufrir como cerdos. Y que me perdonen los cerdos por esta metáfora que, como bien habrá adivinado Ariadna, significa sufrir mucho, muchísimo.

Pero, un día de aquellos, me entró la duda: ¿Estaría bien el título del cuadro? ¿Habría acabado Bambulillo de la mala manera que sugería la imagen de Goya? A partir de aquel momento me convertí en el perro más dubitativo del continente, y mi fe en la historia se resintió. ¿Quién me decía a mí que la historia era cierta? Después de pensarlo mucho, muchísimo, deduje que los únicos que lo decían eran los historiadores. Ellos eran los que defendían la histo-

ria. Ellos eran por ejemplo los autores de la oscura teoría sobre Bambulillo, y también sus valedores y defensores. «Pues yo desconfío de ella», pensé para mí, y enseguida comencé a buscar pruebas. ¿Os acordáis de cuando íbamos a la playa y me ponía a dar saltos? Pues lo hacía para comprobar si me hundía y cuánto me hundía. Y lo que comprobé fue que no me hundía. Que un perro no se hunde en la arena así como así. «El que puso título a ese cuadro, mintió como un cerdo», pensé. Y que me perdonen los cerdos por esta segunda metáfora relacionada con ellos.

Decidí marcharme a Madrid. Mi intención era la de introducirme en el Museo del Prado y dejar el cuadro sin título, es decir, quitarle la placa que suelen tener debajo para que los visitantes que van sin guía sepan de qué va la cosa. «Mejor dejarles en la ignorancia que mostrarles la placa mentirosa o mintiente», reflexioné. Pero, cuando entré en el museo y llegué a la sala de Goya, un rayo me golpeó en la cabeza y me dejó anonadado. Delante de mí había un cuadro titulado Los fusilamientos del 3 de mayo en la Moncloa, *un título que parecía bien puesto, ya que lo que se veía en él era un fusilamiento terrible. Mi primera reacción*

fue la de escapar, la de huir de aquellos soldados del cuadro que estaban matando gente, pero me contuve y permanecí en la sala.

Un poco más tarde, me encontraba frente al cuadro que había conocido en el libro de la biblioteca: Bambulillo medio hundido en la arena, *leí, y en ese mismo instante otro rayo, más fuerte aún que el primero, volvió a golpearme en la cabeza.*

–¡Ahora lo comprendo! –exclamé.

Luego pasé de la exclamación al grito:

–¡El título de este cuadro está mal! En este caso, la historia miente! –dije con todas mis fuerzas.

Todos los visitantes se me quedaron mirando.

Se me acercó entonces un hombre de mediana edad, de barba blanca y gafas elegantes. Se presentó como historiador.

–Si no prueba lo que dice, le pondré una denuncia por insultar a la historia y a los historiadores –me dijo. Era de esa clase de individualidades que por tener la barba blanca y unas gafas elegantes se creen con derecho a decir cosas. Me apoyé fuerte en mis patas y le miré desafiante.

–¿Sabe usted por qué está asustado Bambulillo? –dije–. Pues por la sencilla razón de que

fue testigo de los fusilamientos que se ven en el otro cuadro. Así es. Bambulillo vio cómo mataban a toda esa gente, y por eso se escondió detrás de una montañita de arena. De ahí que el verdadero título del cuadro sea Bambulillo contemplando los fusilamientos.

El historiador era un arrogante, y no quiso darme la razón

–Bambulillo contemplando los fusilamientos, *¡Ja! ¡Ja! ¡Ja! –repitió en son de burla al tiempo que se quitaba sus elegantes gafas para reír mejor. En ese instante, un tercer rayo me golpeó en la cabeza.*

–¡Maldito historiador! –grité– ¡Mentirosos, que sois unos mentirosos! ¡Que no sabéis hablar de las individualidades como yo o Bambulillo!

Di un terrible ladrido y salí en su persecución. Pero no tuve éxito. Esa primera vez, no. La sala de Goya estaba repleta de visitantes con guía y sin guía, y resultaba difícil seguir un rastro.

Salí del museo y caminé mucho rato por las calles de Madrid. Estaba pensativo, reflexivo, dubitativo, gesticulativo. Era la viva imagen de Bambulo ALTERATOR. *Y, efectivamente, así es como me sentía,* alterator, *fuera de mí. Veía claramente que mi obligación era cambiar la placa del cuadro, sustituir las palabras falsas* –Bambulillo medio hundido en la arena– *por las verdaderas* –Bambulillo contemplando los fusilamientos–. *Pero, ¿cómo hacerlo? Conseguir una placa nueva no me parecía difícil, porque conocía una pequeña imprenta que se dedicaba a ello; pero volver a la sala de Goya y dar el cambiazo era, para decirlo con una metáfora, harina de otro costal, es decir, más difícil.*

Encontré la solución cuando menos lo esperaba, mientras paseaba por una calle cercana a la Puerta del Sol. Se trata de una calle peatonal, llena de artistas callejeros que cantan, hacen magia o se están completamente quietos, como esculturas, esculturas vivientes. Pues ocurrió que, estando yo mirando a una de aquellas esculturas vivientes, un nuevo rayo, el cuarto desde mi llegada a la ciudad, me golpeó en la cabeza.

–¡Claro! ¡Así conseguiré cambiar la placa! –exclamé acordándome de uno de los pasillos del museo, lleno de esculturas y pedestales.

–¿Qué te pasa? ¿Te has mareado? –me preguntó de pronto el artista que estaba haciendo de escultura.

–No es nada. Sólo que al verte he sentido el golpe de un rayo –le respondí.

–Muchas gracias –me dijo él volviendo a su inmovilidad marmórea.

Aquella misma tarde, antes de la hora de cierre, entré en el museo y me dirigí directamente hacia el pasillo donde recordaba haber visto las esculturas y los pedestales. Nada más llegar, me di cuenta de que todo el mundo, los visitantes con guía y los visitantes sin guía, estaba en las salas de Velázquez y Goya, y que nada tenía que temer en aquel rincón. No, ningún vigilante me vería saltar a uno de los pedestales.

Salté y, efectivamente, ningún vigilante me vio. Me sentí feliz: me encontraba entre dos senadores romanos, y si ellos parecían de mármol, yo también. Si ellos no movían la nariz, yo tampoco. Si ellos miraban al infinito, al infinito miraba yo. La placa con el verdadero título del cuadro –Bambulillo contemplando los fusilamientos– *la llevaba en el cuello, como un adorno. Pronto estaría en su lugar, en el lugar que le correspondía desde un punto de vista profundamente histórico.*

El murmullo que llegaba de las salas de Velázquez y Goya fue atenuándose, y lo mismo las luces, que dejaron de ser focos para convertirse en manchas, manchas amarillas. «¡Qué tranquilidad!», pensé. Por el pasillo donde yo estaba no pasaba nadie, y la compañía de los dos senadores romanos cada vez me resultaba más placentera. Pensé que la operación que me había llevado hasta allí sería sencilla, sencillísima. Claro, ya se sabe, soy uno de los perros más optimistas del continente.

De pronto, aparecieron dos vigilantes. Vinieron caminando con parsimonia y lentitud hasta donde estábamos los senadores romanos y yo, y se pusieron a fumar sendos cigarros.

–¿Cuándo van a venir en busca de éstos? –dijo uno de ellos acercándose a mi. El humo de su cigarro me hizo cosquillas en la nariz, que se me movió un poco, un poco y pico. ¿De forma visible y denunciable? No, para nada. Llevo mucho tiempo controlando los movimientos de mi nariz, y sé cómo debe hacerse.

–Pues ya debían estar aquí –dijo el segundo vigilante aumentando el nivel de humo del pasillo.

«Al final me obligarán a estornudar», pensé. Las cosquillas las sentía ahora en la garganta. De todos modos, mi control seguía siendo total. Estaba

al nivel de los dos senadores romanos que me acompañaban. En aquellos momentos, mi nombre podía haber sido el de Bambulo Marmolo.

–A ver si vienen pronto. Soy hombre de costumbres, y me gusta cenar a mi hora –dijo el primer vigilante lanzando una humareda hacia mí. Me pregunté hasta cuándo podría aguantar mi mármol.

–Desde luego, es asombroso. Parecen de verdad –dijo de pronto el segundo vigilante.

–¿Qué dices? –le preguntó el primero.

–Que estas esculturas parecen de verdad –respondió el segundo señalándome–. Sobre todo, este perro. No me digas que no parece de verdad. ¡Nadie diría que tiene dos mil años!

Sus dos ojos me miraban fijamente. Su cigarro iluminaba mi nariz. Ya no podía aguantar.

–Y luego dirán que hemos progresado –intervino el primero–. Yo creo que no hemos progresado nada. ¿Qué artista de hoy en día sería capaz de hacer un perro tan realista, tan, tan, tan…

La palabra que buscaba no le venía a la cabeza y decidió darse tiempo y lanzarme una nueva bocanada de humo. Personalmente, ya no tenía el aspecto de Bambulo Marmolo, *sino el de Bambulo*

Abogato. Mi nariz comenzó a moverse por su cuenta, fuera de control.

–Imposible que un artista de hoy haga un perro como éste. ¡Fíjate! Da la impresión de que va a estornudar de un momento a otro –prosiguió el vigilante abriendo los ojos.

Soy un perro con suerte, uno de los perros con más suerte del continente. Un segundo antes de que me pusiera a estornudar, alguien llamó a una de las puertas del museo y los dos vigilantes se marcharon escaleras abajo. Inmediatamente, bajé del pedestal y me despedí de mis dos buenos compañeros, los senadores romanos. Luego, sin prisa pero sin pausa, alcancé la sala de Goya. Claro, ya sé lo que dirá Jon al leer esto: «¿Cómo logró Bambulo llegar a esa sala si todo estaba oscuro? El día en que nos encontramos con Panchi, Cabecita de Ajo, *no anduvo tan valiente». ¡Ay, Jon! ¡Si yo te contara! Desde que me topé con aquel libro sobre mi familia, soy otro. Es como si fuera Bambulo Segundo, sucesor de Bambulo Primero. Quiero estar a la altura de mis antepasados, y no le tengo miedo a nada. Ni siquiera a la oscuridad. Claro que, por otro lado, en el museo había algunas luces encendidas y no estaba tan oscuro.*

Llegué hasta donde colgaba el cuadro y me puse a trabajar, con tranquilidad, con serenidad, con la autoridad moral que se tiene cuando se actúa de acuerdo con la verdadera historia, y tardé en

cambiar la placa lo que se tarda en quitar y poner unos tornillos, muy poco tiempo. Respiré con satisfacción, y leí lo que decía la nueva placa: Bambulillo contemplando los fusilamientos. *Así estaba bien. Así debía quedar. En cuanto a la placa antigua, la partí en cien pedazos. Imposible leer allí lo de que Bambulillo se estaba hundiendo en la arena. «Que me venga ahora aquel historiador con sus burlas», pensé girando la cabeza en su busca. Lo hice por un reflejo, no porque esperara verle. Al fin y al cabo, el museo estaba cerrado.*

Un nuevo rayo, el quinto, me golpeó en la cabeza. Pero, ¿qué veían mis ojos? Pues veían, en primer término, a los dos senadores romanos, mis amigos, pero veían también, en medio de un grupo de gente que se movía en el pasillo, a los dos humeantes vigilantes y sobre todo, esto era lo asombroso, al historiador de marras, es decir, al burloso de barba blanca y gafas elegantes.

–¡Ja! ¡Ja! ¡Ja! –rió de pronto el historiador, y aquella risa suya creció de sala a sala, de la de Velázquez a la de Goya, de la de Goya a la de Velázquez. Parecía que también los reyes y las reinas de los cuadros se burlaban de mí.

El rayo que me había golpeado en la cabeza me dio lucidez, y comprendí perfectamente lo que estaba pasando.

–¡Malditos ladrones! ¡Dejad a esos senadores romanos en paz! –grité a pleno pulmón dirigiéndome hacia el grupo.

Viéndome, el historiador de la barba blanca y las gafas elegantes lanzó otra de sus carcajadas:

–¡Ja! ¡Ja! ¡Ja!

Se sentía muy contento pensando en las ganancias que obtendría con su robo. Yo respiré hondo y les hablé a todos con gran serenidad.

–Dejad a esos senadores romanos en paz. Para mí es como si fueran de la familia. Si os olvidáis del robo y vais a cenar a vuestras casas, aquí no ha pasado nada. Nadie os denunciará.

El historiador se quitó las gafas y sacó un pañuelo del bolsillo. Lloraba de risa.

–¡Ja! ¡Ja! ¡Ja...!, ¡Ja! ¡Ja! ¡Ja!

Un rayo, el sexto de la serie, me golpeó en la cabeza, y me puse a ladrar con todas mis fuerzas. ¡Qué escándalo armé! Porque, claro, mis ladridos crecían de sala a sala, de la de Velázquez a la de Goya, de la de Goya a la de Velázquez. Parecía que los reyes

y las reinas de los cuadros se habían puesto a ladrar conmigo. Inmediatamente, los ladrones comenzaron a chillar desesperados.

–¡Que se calle ese perro! ¡Que alguien lo saque de aquí! –pedían. Pero la cosa no era tan fácil. Yo me movía en la semioscuridad como un gato, valga la comparación, y mis ladridos se multiplicaban por todo el museo. Me estaba comportando como un auténtico Bambulo Ladrator.

De pronto, al pasar por delante de un cuadro de Adán y Eva, me encontré con el historiador. Venía corriendo hacia mí con la cara desencajada y el ánimo de pegarme.

–¡No se acerque! –le grité. Pero él no me hizo caso. Con la inexactitud que caracteriza a los historiadores, él pensaba aquello de que perro ladrador poco mordedor. En fin, no quiero dar detalles. Sólo diré que se llevó una sorpresa.

Pues así, amigos, frustré el robo de los senadores romanos, logrando de paso un montón de felicitaciones. Pero no creáis que me voy a dedicar a labores de vigilancia y detectivismo. Tengo otros proyectos mejores. Para decirlo en una palabra, me quiero dedicar a la historia. Mi desconfianza hacia los historiadores es ahora total, y quiero investigar qué ocurrió de verdad con los perros y otras individualidades marginales del pasado, empezando claro está por mi propia familia. Lo de Bambulillo ya está hecho; ahora me quedan todos los demás. Investigar, investigar, investigar: ése será mi objetivo.

Os diré para acabar que me he hecho un poco famoso, un poco y pico, y que la fama es muy agradable. No es que la gente me reconozca por la calle, sólo que me han hecho una entrevista y que mi foto ha salido en el periódico. Y vosotros, ¿qué tal? Ainhoa, cuida a todos. Recuerdos a Panchi. Hasta la próxima.

Cuando la carta de Bambulo llegó a su casa de Bilbao, todas las individualidades se mostraron sorprendidas, sorprendidísimas. Les resultaba evidente el cambio de personalidad de su perro, pero no acertaban con los motivos. ¿Por qué?, ¿por qué?, ¿por qué...? ¿Por qué se había ido Bambulo de casa? ¿Y los rayos? ¿A qué se debía tanto rayo? ¿Por qué se había vuelto su cabeza tan tormentosa? ¿De dónde le venía aquella nueva afición por la historia?

En realidad, no querían aceptar que la respuesta a tanto interrogante era la que confesaba el propio Bambulo: aquel viejo libro que, por mediación de Panchi, *Cabecita de Ajo,* había permitido a nuestro perro conocer a sus parientes Bambulegui, Balbulsson y, sobre todo, Bambulillo. No se daban cuenta de que, después de un tiempo, aquella primera simiente estaba muy crecida. Era ya árbol, o árbol y pico, y estaba a punto de convertirse en bosque, o bosque y pico.

Lo que yo veo con claridad –por mi condición de secretario y de aficionado a las plantas–, les resultaba oscuro a las individualidades de la casa de Bambulo, y se pasaban las horas discutiendo, sobre todo por Jon.

–No me creo nada de lo que Bambulo nos ha contado en la carta –decía Jon, y al instante todos se le echaban encima.

–Pues yo sí le creo. Y me parece que tiene mucho mérito –decía Ariadna.

–¡Viva Mamulo! –exclamaba Ainhoa.

–Bambulo miente –insistía Jon.

–Puede que mienta y puede que no –resumía Panchi, *Cabecita de Ajo,* diplomáticamente.

Un día de aquellos, un sábado que todos estaban en la biblioteca, Jon mostró un pequeño escrito. Lo había conseguido en el ordenador de la escuela.

–¡Ya estoy harto de discusiones. Mirad el documento que el otro día encontré en Internet! –les dijo. Se trataba de una noticia de periódico, una gacetilla. El documento –que ahora obra en mi poder gracias a la gentileza de Jon– decía, y dice, lo que viene a continuación.

GACETILLA DE PERIÓDICO CONSEGUIDA POR JON
DOCUMENTO J/P/1

Un perro que había conseguido introducirse en una de las salas del Museo del Prado mordió ayer noche a un historiador. El hecho ocurrió cuando el antedicho historiador y varios empleados se disponían a trasladar varias esculturas destinadas al museo romano de Mérida (Badajoz). El perro comenzó a ladrar y se puso agresivo. Al final, consiguió escaparse.

Después de que las individualidades conocieran el documento, la situación doméstica mejoró y empeoró al mismo tiempo. Mejoró en el sentido de que las discusiones entre Jon y los demás cesaron; empeoró por la tristeza que la noticia causó a las distintas individualidades. Ainhoa, Ariadna, la propia María, las tres se pusieron bastante tristes por lo que Bambulo había hecho en el Museo del Prado y por las mentiras que había contado en la carta. Por su parte, Jon afirmaba que no era para tanto, que Bambulo siempre había sido aficionado a las mentirijillas. Pero nadie le hacía caso. Ni siquiera Ainhoa.

Como siempre, el tiempo siguió su curso, y el martes sucedió al lunes, el miércoles al martes, el jueves al miércoles, el viernes al jueves, el sábado al viernes, el domingo al sábado, y el lunes, una vez más, siguió al domingo, y todo hacía pensar que la rueda seguiría girando con la misma monotonía eternamente. Pero no: al igual que la vez anterior, apareció un documento y la situación cambió radicalmente. Se trató esta vez, ya lo hemos adelantado hace unas páginas, de una entrevista a Bambulo; documento que demostraba que nuestro perro no había mentido tanto en su carta, o que a lo mejor no había mentido nada. Él había hablado de una entrevista en un periódico, y tal entrevista existía. Una verdad como un templo.

Fue Ariadna la que dio con el documento. Estaba por lo visto navegando con el ordenador de la escuela cuando de repente dio un grito.

–¡Bambulo!

Efectivamente: en la pantalla aparecía la fotografía de Bambulo, y a continuación la entrevista.

–¡Estupendo! –exclamó Jon cuando su hermana le mostró lo que ella había obtenido de la pantalla. También él se alegraba de que nuestro perro no fuera tan mentiroso como parecía a primera vista.

Ya lo he dicho antes: entre los documentos que he ordenado, copiado, analizado, corregido y organizado para su mejor y más conveniente publicación, el que viene a continuación es uno de los *princeps*. Leamos pues la entrevista, primera de su vida, que hicieron a Bambulo después de su intervención en el Museo del Prado. Y, como siempre, muchas gracias a Ariadna por su amabilidad al dejarme el documento. ¡Adelante con él!

La primera entrevista de Bambulo
Documento B/Ent/1

EL PERSONAJE DE ESTA SEMANA: «BAMBULO»

Dice que es de Bilbao y que se dedica a bambulear por las calles de Madrid, y no le da ninguna importancia a lo ocurrido en el Museo del Prado.

–Es verdad que ataqué al historiador, pero lo hice con mi mejor intención. Creí que eran ladrones. Además, querían llevarse a los dos senadores. A dos amigos míos, en definitiva –argumenta Bambulo.

–Pero, ahora mismo, ese historiador no puede sentarse, Bambulo –le digo.

–Cierto. Pero a mi modo de ver se está mejor tumbado que sentado. ¿Sabe lo que dijo el hombre más viejo de Rusia, que acaba de cumplir 120 años?

–Pues no, Bambulo. No lo sé.

–Le preguntaron qué había hecho para vivir tanto tiempo, y él dijo: «Cuando puedo sentarme no me quedo de pie, y cuando puedo tumbarme no me quedo sentado. He ahí el secreto. Estar siempre en la postura más cómoda». Creo, pues, que ese historiador no debería quejarse tanto.

Gracias a mí, se pasa los días tumbado. Alargando su vida, quiero decir.

–De todas maneras, Bambulo, lo de agredir a un historiador y no, pongo por ejemplo, a un periodista...

–Los periodistas como usted son gente estupenda.

–Gracias, Bambulo, pero lo que yo trataba de decir es que, según parece, los historiadores no son santos de su devoción. Si mis informes son ciertos, desconfía de ellos. Y fue precisamente esa desconfianza la que le llevó al Museo del Prado la noche en cuestión. Por lo visto, quería cambiar el título a uno de los cuadros de Goya.

–Estoy asombrado. ¿Cómo sabe tanto sobre mí?

–Es obligación nuestra estar bien informados, Bambulo. Pero, por favor, respóndame a la pregunta: ¿Qué hacía esa noche en el Museo del Prado?

–Efectivamente, quería cambiar el título de uno de los cuadros del gran pintor Goya. En ese cuadro, no sé si también sabe esto, aparece un antepasado mío, Bambulillo, y de creer a los historiadores, en el momento en que fue retratado Bambulillo se encontraba hundido en la arena y a punto de ahogarse. Yo me puse a pensar y decidí que tal cosa era imposible. Que los historiadores habían mentido, en otras palabras.

–Y entonces fue cuando comenzó a investigar, ¿no es así, Bambulo?

–Realmente, estoy asombrado de su información, de su interés, de su... pues sí, eso hice, investigar, investigar y seguir investigando hasta el día en que un rayo me golpeó en la cabeza y descubrí la verdad. Ocurrió el día que vi otra pintura de Goya, la de los fusilamientos del 3 de mayo. «Ya sé por qué tiene Bambulillo esa cara de asustado», me dije. Se debía a los fusilamientos, porque los estaba viendo y oyendo. Porque ya sabe lo que nos pasa a los perros con el ruido de los disparos. Al tener el oído tan sensible, esos ruidos tan secos y fuertes nos producen...

–Mucho estrés, supongo.

–Efectivamente, mucho estrés, mucha incomodidad. Pero, siguiendo con la cosa de la investigación, debo confesar que fue muy fructífera. Descubrí que los perros no nos hundimos en la arena, cosa en la que nunca había reparado. Y luego, lo del color. Los dos cuadros, el de Bambulillo y el de los fusilamientos, son de parecido color. El amarillo dorado es parecido en ambos. En fin, la cosa es que llegué a la conclusión de que el título Bambulillo medio hundido en la arena *era erróneo. El verdadero título es* Bambulillo contemplando los fusilamientos.

–Pero, al parecer, la dirección del museo no piensa como usted, Bambulo. La placa que puso ha sido retirada. Han vuelto a colocar la de antes.

–La misma placa es imposible. Si no recuerdo mal, la destruí.

–Quería decir que han colocado una placa igual.

–Procure usted ser exacto. No se arrepentirá. No es lo mismo la misma placa que una placa igual.

–De acuerdo, Bambulo. Lo procuraré. Pero, ¿qué me dice de la reacción de los expertos del museo?

–Están equivocados. Pero, si quieren jugar con su prestigio y su buen nombre, ¡allá ellos!

–De todos modos, su crítica a los historiadores no se limita al título de un cuadro. Según me han contado, es usted muy crítico con una de las más famosas plazas de Madrid, la plaza de Colón...

–¿También sabe eso? Realmente, es asombroso. Asombroso. No logro adivinar de dónde saca usted tanta información. ¿No será usted de los servicios secretos? Me han dicho que muchos periodistas pertenecen a los servicios secretos.

–No es usted el único investigador, Bambulo. Los periodistas también investigamos. Pero, dígame, ¿qué tiene contra la plaza de Colón?

–Contra la plaza en sí no tengo nada. Creo que está bien donde está. Sin embargo, soy muy crítico con los que levantaron los monumentos que se ven allí. Lo que yo con-

cretamente me pregunto es: ¿por qué no hay entre esos monumentos uno dedicado a mi antepasado Bambulegui? Si mis informes son buenos, Bambulegui fue el primero en ver América, el primero que gritó «¡comida!», digo, «¡tierra!» al ver las costas del nuevo continente. Pero, claro, ¿qué les importa a los historiadores una individualidad marginal como Bambulegui? Los historiadores sólo se preocupan por Cristóbal Colón. Con eso ya lo tienen todo hecho.

–Ante eso, ¿qué ha decidido? ¿colocar usted mismo una escultura dedicada a Bambulegui?

–No. Sería inútil. No tardarían en retirarla. Y tampoco atacaré a los historiadores implicados en el asunto. Voy a luchar intelectualmente.

–¿Intelectualmente? ¿Qué quiere decir, Bambulo?

–Voy a dedicarme a la historia. Para corregirla, se entiende. En mis escritos siempre habrá un lugar para los perros y otras individualidades marginales.

–Muy interesante. ¿Ha comenzado ya con sus investigaciones?

–Pues, sí. Estoy investigando la Antigüedad. Y la verdad es que estoy muy esperanzado. Hubo muchos perros en aquella época, y sin embargo, son muy pocos los que aparecen en los libros publicados hasta ahora. Eso significa que los historiadores los han marginado.

–Muy bien, Bambulo. Y ahora, para acabar, dos preguntas más. La primera es: ¿tiene usted alguna relación con Bambi?

–¿Me ha visto usted alguna vez dando saltitos? ¡A que no! Entonces, ¿a qué viene esa pregunta? Me parece muy malintencionada, la verdad. ¿No será usted un historiador disfrazado de periodista? ¿No me hará usted esto por orden de los servicios secretos? ¡Exijo una respuesta, señor mío!

–No se enfade Bambulo. No tenía intención de ofenderle. Todo lo contrario. Además, soy un periodista de verdad, y para demostrárselo, ahí va la última pregunta de la entrevista: ¿Qué opina de Madrid? ¿Le gusta esta ciudad?

–Me gusta, pero deberían cambiarle el escudo. El escudo es un poco absurdo, creo yo. Un poco y pico. No digo por el árbol, porque un árbol siempre está bien, nunca molesta, pero ¿qué pinta el oso? Yo llevo un montón de tiempo en Madrid, y no he visto un oso. En cambio, perros he visto cientos, o miles. En mi opinión, deberían cambiar el oso por un perro. En fin, esto es todo lo que tengo que decir por ahora.

–Pues, muchas gracias, Bambulo. A ver si el Alcalde de la ciudad le hace más caso que la dirección del Museo del Prado. Hasta la próxima.

La lectura de aquella entrevista calmó a las individualidades de la casa de Bambulo, y les hizo sentirse orgullosas de él. Seguía con sus manías, incluso con el mal genio que a veces se apoderaba de su mente y de su corazón, pero, ¡daba gusto ver lo bien que respondía! ¡Daba gusto verle tan animado y dispuesto a dar la batalla a los historiadores! Aquel sábado, charlando con Panchi, *Cabecita de Ajo,* en su rincón subterráneo, todas las individualidades, incluida la pequeña Ainhoa, sintieron que algo había cambiado en sus vidas, que la transformación de Bambulo marcaba un antes y un después. De allí en adelante, vivirían más separados de él, pero, por otro lado, su relación sería de más calidad. Porque su perro ya no sería sólo su perro, una individualidad de las llamadas pasivas o descansantes, dedicada únicamente al sofá y a los macarrones, sino que sería Bambulo *Historiator,* Bambulo *Investigator*, Bambulo *Corrector*, es decir, una individualidad mucho más interesante.

–¿Nos escribirá Mamulo? –preguntó Ainhoa.

–Seguro que sí. Nos irá dando cuenta de sus investigaciones –dijo Ariadna.

–Yo no estaría tan seguro –dijo Jon, siempre más pesimista.

–Pues debes estarlo, Jon –le contradijo Panchi, *Cabecita de Ajo*–. Lo que más va a necesitar Bambulo de aquí en adelante es gente que lea sus escritos con buena voluntad.

En otras palabras, necesitará interlocutores, compañeros, amigos. Es decir, que necesita de nosotros. Por eso estoy seguro de que nos va a escribir a menudo.

El tiempo le dio la razón a Panchi, *Cabecita de Ajo*, y se la dio enseguida, además. Sí, Bambulo necesitaba interlocutores, compañeros, amigos, gente de buena voluntad, gente que le ayudara en la ardua labor que se había propuesto.

La primera postal llegó a la semana de leer ellos la entrevista que había aparecido en la pantalla del ordenador de la escuela.

POSTAL ESCRITA Y ENVIADA POR BAMBULO
DOCUMENTO B/P/4

Ariadna, Ainhoa, Jon, María, Panchi, interlocutores míos: pronto os llegará un sobre con el prólogo y uno de los capítulos de mi bambulosa y bambulística historia. Ya me diréis qué os parece. Enviadme vuestra respuesta en sobre cerrado, para que no la lean los otros historiadores o los del servicio secreto. Mi dirección es la misma que la del Consejo Superior de Investigaciones Científicas. En el sobre indicáis que es para –Bambulo. Historia. Zona Jardín. Caseta–. Hasta pronto, amigos.

Bambulo Investigator

Ariadna, Ainhoa, Jon
María, Panchi
Correo, 7, 2°
48005 BILBAO

Estaban las individualidades de la casa celebrando la llegada de la postal, cuando el cartero apareció en la puerta con otro sobre. Se trataba del prólogo y del capítulo anunciados, las primeras páginas de su bambulosa y bambulística historia. Sí, no cabía duda. Ellos iban a ser los interlocutores de Bambulo. Una suerte para ellos y una suerte para mí, porque la centralización de los documentos siempre es de gran ayuda para los secretarios que deben ordenar, copiar, analizar, corregir y organizar dichos documentos para su mejor y más conveniente publicación. Antes hemos leído la primera entrevista concedida por Bambulo; leamos ahora el comienzo de su historia, sus dos primeros textos: el prólogo a su obra y el capítulo destinado al sabio Salomón. ¡Adelante con los documentos!

Bambulística historia de Bambulo
Documento B/His/1. Prólogo

Todavía recuerdo la primera vez que fui a la biblioteca de Bidebarrieta, en Bilbao. ¡Quién me iba a decir entonces que aquella visita cambiaría mi vida! ¡Quién me iba a decir que de allí en adelante mis pies emprenderían nuevos rumbos maravillosos! ¡Nadie, ni siquiera el sabio Salomón! ¡Ni siquiera yo mismo, siendo uno de los perros más inteligentes del continente, sospeché lo que vendría después! Así que cuando Panchi, Cabecita de Ajo, *me enseñó el libro de mi familia, al leer el título en la portada* –Grandes episodios de la gran familia Bambulo– *sentí, sí, que el corazón me daba un vuelco y que un escalofrío me recorría desde las orejas hasta la punta del rabo; pero mis ganas de estudiar no aumentaron ni un ápice. Estudiar y hacerse sabio me parecían cosas de individualidades como Ariadna, no eran algo propio de mi estilo.*

Las ganas, las auténticas ganas de estudiar, me entraron un día de verano, cuando me quedé dormido junto a la piscina. Nada más tumbarme, empecé a soñar, y en uno de los sueños vi a Panchi, que sostenía en la mano aquel libro de los Grandes episodios de la gran familia Bambulo.

–Desgraciadamente, la mayor parte de estas hojas están deterioradas y son ilegibles –decía Panchi en el sueño–. Si queréis conocer más hazañas de la gran familia Bambulo, tendréis que poneros a investigar.

–¿Investigar? ¿Dónde? –le preguntó Ariadna.

–El investigador no conoce fronteras –le respondió Panchi–. Empezad a investigar allí donde podáis. En vuestro caso, yo preguntaría a la gente. Seguro que la gente se acuerda de un montón de historias bambulianas.

Tras oír esas palabras del sueño me desperté. Y me desperté sudando. Pensé que era imprescindible completar las hojas del libro deteriorado, y que había que llevar a cabo la misión lo antes posible. Con esa idea en la mente, me acerqué donde cuatro individualidades que tomaban el sol junto a la piscina y se lo pregunté.

–¿Les dice algo el nombre Bambulo?

–Si no me equivoco, es el nombre del banquero que ha empezado a salir con la guapa princesa de Lombardía –me respondió una individualidad.

–¡Qué va! –exclamó otra individualidad–. Es uno de los delanteros suplentes del Milán.

–¡No, hombre! –negó la tercera individualidad–. Se trata de un grupo que toca muchas veces en la televisión. El nombre completo es Bambulo Bad Boys.

–¡Estáis diciendo tonterías! –dijo la cuarta individualidad–. Bambulo es un nombre de la familia Bambi. Y no es Bambulo, sino Bambilo.

Preocupadísimo con aquellas respuestas, seguí preguntando por aquí y por allá, en la piscina y fuera de la piscina, pero sin avanzar: nadie sabía nada, nadie tenía noticia de los grandes episodios de mi familia. O lo que era peor: me confundían con uno de los Bambi. Me volví a casa no sólo preocupado sino también completamente desolado.

Aquella noche, tuve un segundo sueño. En él se me aparecía el mundo, el mundo entero con toda su cantidad de mares, ríos, campos, ciudades, pueblos y piscinas. Pero aquel mundo, aunque tenía tantas cosas, era frío y oscuro. ¿Por qué? Pues porque estaba muy muy negro. Estaban negros los mares y ríos,

negros los campos, las ciudades y pueblos, negras también las aguas de las piscinas. Me pregunté a mí mismo qué podía ser toda aquella negrura. Y lo adiviné inmediatamente: era la Ignorancia. La Ignorancia era lo que convertía el mundo en un lugar feo, torpe y repugnante.

–¡Libraré al mundo de esta situación lamentable! –me dije a mí mismo despertándome de repente–. ¡Lucharé contra la negrura!

Partí sin decir adiós, dispuesto a viajar de biblioteca en biblioteca, de museo en museo. Ya no quería vacaciones, no podía soportar seguir tumbado en una piscina mientras sentía que la Ignorancia asfixiaba al mundo. Empecé a investigar en los libros antiguos, y después de empezar, seguí, y después de seguir, seguí siguiendo, valga la expresión. Así, a fuerza de leer e investigar, de investigar y aprender, de leer y escribir, fui recogiendo los grandes episodios de mi gran familia. Y todavía hoy me dedico a esa tarea. ¿Que cuándo terminaré? ¡Cómo voy a saberlo, siendo como han sido prácticamente infinitas las hazañas de la familia Bambulo a lo largo de la historia!

–¿Prácticamente infinitas? –preguntará Jon o alguien como él después de leer la línea anterior–. ¿Qué

quieres decir? ¿Que los Bambulo habéis estado en todos los escenarios? ¿Que vuestro rastro aparece en todas las entretelas de la historia? ¿Que siempre habéis intervenido en ella?

–Siempre, siempre, no –responderé yo–. Decir tanto como eso sería mucha arrogancia, y a mí no me gustan las arrogancias. Al fin y al cabo, yo soy uno de los perros más humildes del continente.

–Entonces, ¿qué me dices? –insistirá Jon.

–Bueno, que los Bambulo no hemos intervenido en todas las grandes hazañas de la historia. Las pirámides de Egipto, por poner un ejemplo, se hicieron sin la ayuda de mis parientes. Y lo mismo puedo decir de los números: el uno, el dos, el tres y todos los números restantes los inventaron los árabes sin intervención bambulística. Con todos los números que hay, y sin embargo, ¡nosotros ni enterarnos! Asimismo, en las grandes obras de Shakespeare no hay líneas nuestras, ni una sola. Claro, si Shakespeare no hubiera tenido aquella debilidad por los gatos...

–Me tranquilizas, me tranquilizas mucho –me interrumpirá Jon después de oír mis palabras realmente humildes–. Cuando has dicho que las hazañas de la

familia Bambulo son prácticamente infinitas he pensado otra cosa. De todas formas, ahora te quiero hacer otra pregunta: ¿A qué época se remonta el rastro de los Bambulo?

–Mira, amigo –diré yo–, me espera una larga investigación, y no puedo quedarme aquí charlando contigo. Si quieres enterarte de los episodios de la familia Bambulo, lee los libros que voy a ir publicando periódicamente. Allí podrás informarte de todo.

Eso es ni más ni menos lo que le diré a Jon, y eso mismo es lo que te digo a ti, lector. No puedo alargarme más en el prólogo. Tengo trabajo, un trabajo enorme. Debo continuar mis investigaciones. La Ignorancia sigue siendo dueña y señora del mundo. Por lo tanto, aquí me despido: adiós, amigos, si queréis saber mis historias y las de mi familia, abrid bien los ojos y seguid leyendo.

Bambulo

Bambulística historia de Bambulo
Documento B/His/1. Capítulo Salomón

BAMBULIAS Y EL SABIO SALOMÓN

Los historiadores casi siempre se olvidan de algo. Es lo que le sucedió al anónimo historiador que recogió la historia del sabio rey Salomón: que se olvidó de mencionar al perro del rey, con el resultado de que hoy en día nadie tiene noticia de él. Verdaderamente lamentable.

–Pero, Bambulo –dirá alguien–, ¿qué importa eso? Las individualidades que escriben la historia tienen

en cuenta lo importante, lo principal, de ahí que mencionen el empeño del rey Salomón por embellecer la ciudad de Jerusalén o la paz y prosperidad que estableció en Israel. En comparación con esos grandes logros, los cuentos de perros o de gatos son insignificantes. Lo normal es olvidarlos.

–No. De ninguna manera. No y no. En absoluto –responderé yo a ese alguien reforzando mi negativa con vigorosos movimientos de mano–. No sabe usted lo que dice. Por otro lado, es indignante como trata a Bambulias. ¡No vaya a comparar a Bambulias con el resto de los perros! ¡Y muchísimo menos con los gatos!

–¿Bambulias? ¿Y quién es Bambulias?

–¡Quién quiere que sea! ¡El perro sabio del rey Salomón!

–El perro del sabio rey Salomón, querrá decir.

–¡No! ¡En absoluto! ¡He dicho lo que quería decir! ¡El perro sabio del rey Salomón!

–Pues yo diría el perro del sabio rey Salomón.

–Pues yo no. Yo diría el perro sabio del rey Salomón. ¡Y así es como lo digo siempre!

–No quiero discutir con usted, Bambulo. Es usted terco, terquísimo.

–¡Cierto! Así es como soy. Uno de los perros más tercos del continente.

La discusión terminaría más o menos así, pero a continuación, una vez apaciguados los ánimos, le explicaría al tal alguien la poderosa razón de mi idea. Dicho de otro modo, le daría pruebas a favor de Bambulias. ¿Cómo? Pues contándole lo que en cierta ocasión sucedió en la corte del rey Salomón. Es la siguiente historia, o mejor dicho, el siguiente episodio de la bambulística o bambulosa historia de los Bambulo:

Una vez, dos mujeres que llevaban un niño recién nacido fueron al palacio del rey. Se presentaron ante Salomón y Bambulias y empezaron a hablar.

–¿Este perro muerde? –preguntó una de ellas mirando a Bambulias. Aquel antepasado mío debía de tener un aspecto bastante fiero.

–Si yo se lo pido, sí. De lo contrario, no –respondió el rey Salomón–. Tranquilizaos y decidme cuál es vuestro pleito.

–Con permiso, mi señor –exclamó la que hasta entonces había estado callada–. Esta mujer y yo vivimos en la misma casa, y yo di a luz junto a ella. A los tres días de mi parto, dio a luz también esta mujer.

Estábamos juntas y ningún extraño había con nosotras en la casa. Una noche murió el hijo de esta mujer, por haberse acostado ella sobre él, y entonces ella se levantó de su cama y tomó a mi hijo, que dormía conmigo. Lo acostó en su regazo y a su hijo muerto lo acostó en mi seno. Cuando por la mañana me fui a levantar para dar el pecho a mi hijo, lo encontré muerto. Pero, examinándolo luego atentamente a la luz del día, vi que no era mi hijo, el que yo había dado a luz.

La otra mujer replicó:

–No es verdad, pues mi hijo es el vivo y el tuyo es el muerto.

La primera decía:

–No, tu hijo es el muerto, y mi hijo el vivo.

De esta suerte disputaban delante del rey y de Bambulias.

El rey reflexionó:

–Así que la una dice: «Éste es mi hijo, el vivo; el tuyo es el muerto». Y la otra replica: «Tu hijo es el muerto, y mi hijo es el vivo».

Llegados a este punto de la historia encontramos dos versiones: por un lado la de las individualidades que escribieron la Biblia; por otro la que yo –es decir, Bam-

bulo, uno de los perros más profundos del continente– he encontrado tras complicadas investigaciones.

Las individualidades que escribieron la Biblia cuentan así la última parte del juicio:

El rey Salomón miró a ambas mujeres, y ordenó:

–¡Traedme la espada!

Se la trajeron, y el rey ordenó:

–Partid en dos el niño vivo y dad la mitad a cada una.

En ese momento, la verdadera madre del niño, sintiendo conmoverse sus entrañas por su hijo, dijo:

–¡Por favor, rey! Dale a ella el niño vivo, pero matarle... ¡que no le maten!

La otra mujer, en cambio, decía:

–Que no sea ni para ti ni para mí. ¡Que lo partan!

Entonces el rey tomó la palabra, y sentenció:

–Dad el niño a la primera mujer, y no le matéis. Ella es su madre.

Hasta aquí la versión de las individualidades de la Biblia. Sin embargo, yo, Bambulo, he podido saber que las cosas sucedieron de otro modo. Del modo siguiente:

El rey Salomón miró a ambas mujeres, y dijo así:

–¿Qué hacemos, Bambulias?

En cuanto oyó la pregunta, el perro Bambulias, como tocado por un rayo, se abalanzó sobre el niño vivo y comenzó a simular que lo sacudía mientras gruñía y babeaba. Era puro teatro, claro, pues Bambulias no tenía intención de morderle al niño, pero lo simuló tan bien que una de las mujeres se arrojó sobre él gritando:

–¡Apártate de ahí, perro! ¡No toques a mi niño!

La otra mujer, en cambio, se limitó a mirar. No dio un solo paso hacia el niño.

El rey Salomón no tuvo dudas. La madre verdadera era la que se había apresurado a defender a la criatura de las terribles mordeduras de su perro.

–Menos mal que se te ha ocurrido lo de hacer este teatro, Bambulias. Andaba un poco despistado en este juicio. Un poco y pico –le dijo el rey a su sabio amigo.

Ya lo he dicho al principio: los historiadores se equivocan con frecuencia. Será normal, no digo que no, pero mucho más normal me parece devolver lo suyo a nuestros antepasados. Por eso he escrito estas líneas.

Aquí termina el primer capítulo de mi bambulística historia. Un capítulo bastante bueno, en mi opinión.

Nota escrita por el secretario que tanto ha trabajado en la confección del tomo que aquí tiene su final

Querido lector: como dicen los árabes, los mismos que inventaron los números, no cabe un río en el odre de un aguador. Lo mismo podría decir yo de la vida de Bambulo y de su bambulística o bambulosa obra: que no cabe en un tomo, que se necesitan muchos más. Pero no temas, no te sientas *Preocupator* ni *Alterator* por esta circunstancia, que ya me ocuparé yo de seguir ordenando, copiando, analizando, corrigiendo y organizando documentos para su mejor y más conveniente publicación. Dicho de otro modo: el secretario escribirá, y la Historia de Bambulo pronto se sabrá.

Este libro se terminó de imprimir
en los Talleres Gráficos
de Palgraphic, S. A.
Humanes (Madrid)
en el mes de agosto de 1998.